うちで作るから最高においしい！

から揚げ　つくね　ギョウザ　春巻きの本

藤井 恵

もくじ

から揚げ

つくね

そぼろ

ギョウザ

春巻き

肉団子

◎この本での約束ごと

- 1カップは200mℓ、大さじ1は15mℓ、小さじ1は5mℓです。
- 「ひとつまみ」とは、親指、ひとさし指、中指の3本で軽くつまんだ量のことです。
- オリーブ油は「エキストラ・バージン・オリーブオイル」を使っています。
- だし汁は、昆布、かつお節、煮干しなどでとったものを使ってください。
- キャベツは2枚で100g、3枚150g。白菜は2枚で150g、3枚200g。セロリは大1本200gです。
- 電子レンジの加熱時間は、600Wのものを基準にしています。500Wの場合は1.2倍の時間を目安にしてください。機種によっては、多少差が出ることもあります。

① から揚げ

基本のから揚げ

家族の大好物、カリカリタイプのから揚げです。
下味を肉にしっかりもみ込むことと、
粉を二度づけするのが、いちばんのポイント。
粉をまぶして、10分おいて落ち着かせたら、
あとは強火で混ぜながら一気に揚げるだけ。
サクッとした食感がたまりません！

材料 (2〜3人分)

鶏もも肉 … 2枚(500g)

A | 練りがらし … 大さじ2
　| 酒 … 大さじ4
　| 塩、しょうゆ … 各小さじ½

小麦粉 … 大さじ2

B | 小麦粉、片栗粉 … 各大さじ3

揚げ油 … 適量

1 肉を切る

鶏肉は、厚みのある部分をそぐようにして包丁を斜めに入れ、3〜4cm角のそぎ切りにする。皮はつけたままで。

2 下味をつける

鶏肉にAを加え、手でリズムよく、しっかりもみ込む。

＊調味料が肉に入るようにしっかりもみ込めば、漬ける時間はなくてOK。10分おくと、よりしっかり味に。2時間以上漬けると、肉がかたくなるので注意して

3 粉を混ぜる

小麦粉を加え、菜箸で全体に混ぜる。

4 ころもをまぶす

バットなどにBを入れて混ぜ、鶏肉をのせ、手で押しつけるようにしてしっかりまぶす。このまま10分おき、ころもを落ち着かせる。

＊粉がキュッとしまり、カリカリに揚がるように

5 揚げる

鍋に油を4cmほど入れ、中温(170℃)に熱する。ぬれぶきんでふいた菜箸を入れた時、細かい泡がシュワシュワと出るくらい。肉をひとつずつすべて入れ、強火で揚げる。

＊油の量は鍋の高さの半分以下に

表面が固まったら、全体に混ぜながら、カリッと6〜7分揚げる。こんがり色づいて泡が小さくなり、ピチピチいいはじめたら、揚げ上がり。バットにのせて油をきる。

＊からしは多めですが、揚げるうちに辛みはとぶので大丈夫

冷凍保存のしかた

◎下味をつけて

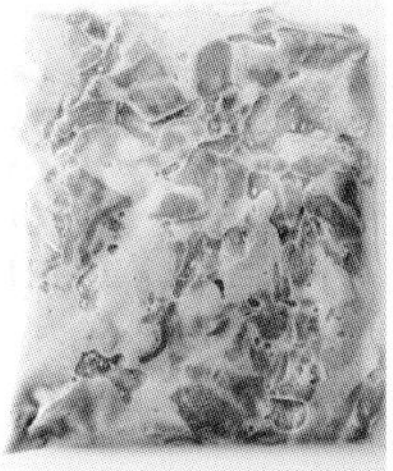

鶏肉に調味料を加えてもみ込み、ファスナー式の保存袋に平らに入れて冷凍室へ。日持ちは1か月くらい。肉がやわらかくなって、おいしくなる効果も。解凍は、袋ごと流水につけ、ほぐれたらすぐに粉ところもをつけて揚げてOK。

◎から揚げにして

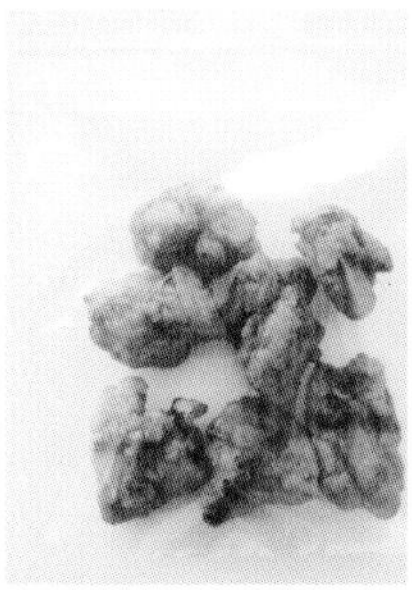

冷めたら、ファスナー式の保存袋に入れて冷凍室へ。日持ちは1か月くらい。解凍は電子レンジで。

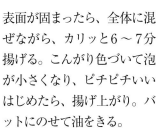

がっつりから揚げ

チキン南蛮

揚げたてにからめた南蛮酢の甘酸っぱさ、
タルタルソースのコクが、最高においしい！
粉のあとに卵をからめて揚げることで、
ふんわり、こんがり、ボリューミーに。
7〜8分かけてじっくり火を通すのがコツです。

材料（2〜3人分）

鶏むね肉 … 小2枚（320g）
A｜塩 … 小さじ¼
　｜こしょう … 少々
卵 … 1個
B｜酢、砂糖 … 各小さじ4
　｜しょうゆ … 小さじ2
　｜赤唐辛子（小口切り）… 1本
C｜ゆで卵（みじん切り）… 1個
　｜玉ねぎ（みじん切り）… ¼個
　｜マヨネーズ … 大さじ5
　｜牛乳 … 大さじ1
　｜塩、こしょう … 各少々
小麦粉、揚げ油、レタス（ちぎる）… 各適量

1. 鶏肉はAをすり込み、小麦粉をしっかりまぶし、溶いた卵をからめる。中温（170℃）の揚げ油に入れ、強めの中火でこんがり7〜8分揚げ、混ぜたBをすぐにからめる。

2. 玉ねぎは塩少々（分量外）をふってもみ、水洗いして水けを絞り、その他のCの材料と混ぜる。❶を食べやすく切って器に盛り、Cをかけてレタスを添える。

ポイント

鶏肉にまず粉をまぶし、そのあと卵をたっぷりとからめる。肉が卵でコーティングされることで、香ばしく、やわらかく揚げ上がる。

鶏肉がこんがり揚がったら、アツアツのうちに南蛮酢をからめる。これで、ごはんがすすむしっかり味に。切るのは1分ほどおいてから。

油《ユー》淋《リン》鶏《チー》

鶏肉のカリカリッとした食感、
そこに、香味野菜たっぷりの甘辛ねぎだれ！
この2つが、油淋鶏のおいしさの決めて。
汁けをふいてから粉をしっかりまぶすと、
極上のカリカリ感が手に入ります。

ポイント

鶏肉は大きい1枚のまま、強めの中火で温度を保ちつつカリッと揚げる。おいしい肉汁を逃さないよう、切るのは1分ほどおいてから。

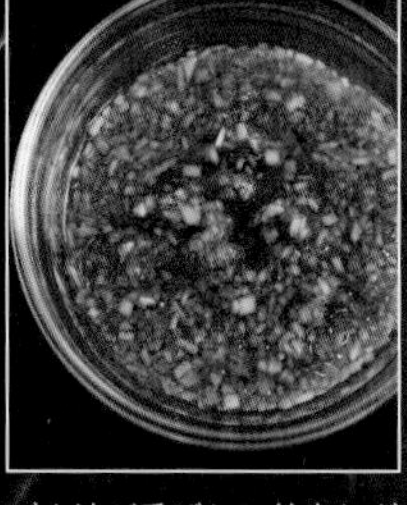

ごま油が香ばしい甘辛ねぎだれは、アツアツの鶏肉にかけるのが大切。このほか、豆腐やゆで野菜、焼き魚にかけて食べても美味。

材料（2〜3人分）

鶏もも肉 … 2枚（500g）
A｜しょうゆ、酒 … 各小さじ1
B｜長ねぎ（みじん切り）… 10cm
　｜にんにく、しょうが（みじん切り）
　｜… 各1かけ
　｜酢、しょうゆ … 各大さじ1½
　｜砂糖、ごま油 … 各小さじ1
片栗粉、揚げ油、パセリ … 各適量

1. 鶏肉はAをからめて10分おき、キッチンペーパーで汁けをふき、片栗粉をしっかりまぶす。中温（170℃）の揚げ油に入れ、強めの中火でカリッと9〜10分揚げる。

2. 1分ほどおいて落ち着かせてから食べやすく切り、器に盛って混ぜたBをかけ、パセリを添える。

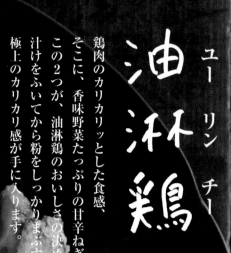

ヘルシーから揚げ

鶏むね肉の一味揚げ

ピリッとパンチのきいた味つけは、下味ところもの両方に加えた一味唐辛子のなせるワザ。鶏むね肉を使い、皮を除いて、あっさりとした味わいにします。

材料（2～3人分）

鶏むね肉 … 小2枚（320g）

A | しょうゆ、酒 … 各大さじ1
　| 一味唐辛子 … 小さじ½

B | 小麦粉 … 大さじ3
　| 一味唐辛子 … 小さじ¼

揚げ油 … 適量

1. 鶏肉は皮を除いて3～4cm角のそぎ切りにし、Aをもみ込んで10分おき、混ぜたBをまぶす。
2. 中温（170℃）の揚げ油に入れ、強火でカリッと2～3分揚げる。

ポイント

一味唐辛子は、乾燥させた唐辛子を粉末にしたもの。油っぽいもの、ぼやけた味を引きしめる役割も。マヨネーズと混ぜて、きゅうりや大根をつけて食べても。

ころもに一味唐辛子を加えることで、より一味の風味を立たせるのがポイント。チーズ揚げやゆかり揚げも、下味だけでなく粉にも加えると、より香り豊かに。

ささみのわさび揚げ

ささみは、高温でさっと揚げることで、
中はふんわり、外はカリッと。
あえて揚げ色をつけず、白っぽく仕上げて、
上品な味わいを目指します。

材料 (2〜3人分)

鶏ささみ…6本(300g)
A | おろしわさび…大さじ2
　| 酒…大さじ1
　| 塩…小さじ⅔
片栗粉、揚げ油、
　レモン(くし形切り)…各適量

1. ささみは筋を除いて斜め半分に切り、Aをもみ込んで10分おき、片栗粉をまぶす。
2. 高温(180℃)の揚げ油に入れ、強火でカラッと2分ほど揚げる。器に盛り、レモンを添える。

ポイント

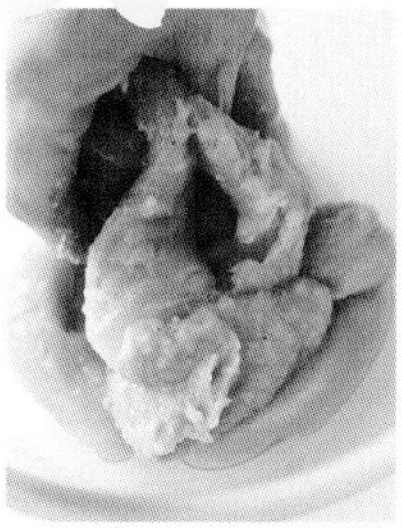

ささみは、下味のわさび大さじ2を手でしっかりもみ込み、10分おく。わさびはやや多めだけれど、揚げることで辛みはとび、香りだけが残るので大丈夫。

高温(180℃)の揚げ油の目安は、ぬれぶきんでふいた菜箸を中に入れた時、細かい泡が勢いよくシュワーッと出るくらい。

つまみから揚げ チリソース味

鶏肉は薄めに切り、ソースがよくからむように。
粉をしっかりまぶした、カリカリタイプです。
余分な粉をはたいてから油に入れると、
油が汚れず、きれいに、おいしく揚がります。

材料（2〜3人分）

鶏もも肉 … 2枚（500g）

A｜塩、こしょう … 各少々
　｜酒 … 大さじ1

B｜長ねぎ（みじん切り）… 10cm
　｜にんにく、しょうが（みじん切り）
　｜　… 各1かけ

豆板醤 … 小さじ1

C｜ケチャップ … 大さじ3
　｜オイスターソース、酒
　｜　… 各大さじ1
　｜しょうゆ … 大さじ½

ごま油 … 小さじ1

片栗粉、揚げ油、香菜《シャンツァイ》 … 各適量

1. 小鍋にごま油を熱し、Bを中火で炒め、香りが出たら豆板醤を加え、なじんだらCを加えてひと煮する。
2. 鶏肉は縦半分に切って2cm幅に切り、Aをもみ込んで10分おき、片栗粉をしっかりまぶしてはたく。
3. 中温（170℃）の揚げ油に入れ、強火でカリッと3〜4分揚げる。❶に加えてあえ、器に盛って香菜を添える。

ポイント

チリソースは、香味野菜とケチャップ、オイスターソース、豆板醤をさっと煮て作る。調味料を加えたら、ひと煮すれば完成。

タンドリーチキン風

マヨネーズ入りのたれをもみ込むことで、肉がやわらかくなるというメリットが！
そこに粉を加えて混ぜ、むね肉をコーティング。
これで、ぐっとジューシーに仕上がります。

材料（2〜3人分）

鶏むね肉…小2枚（320g）
A | カレー粉、マヨネーズ…各大さじ1
ケチャップ、しょうゆ…各大さじ½
白ワイン、水…各大さじ2
にんにく、しょうが（すりおろす）
…各1かけ
玉ねぎ（すりおろす）…大さじ½
小麦粉…大さじ4
揚げ油、サラダ菜…各適量

1. 鶏肉は3〜4cm角のそぎ切りにし、Aをしっかりもみ込み、小麦粉を加えて菜箸で混ぜる。
2. 中温の揚げ油（170℃）に入れ、強火でこんがり4〜5分揚げる。器に盛り、サラダ菜を添える。

ポイント

鶏肉にたれをしっかりもみ込んだら、10分ほどおくとより味がなじんでおいしい。マヨネーズ入りのたれは肉がかたくなりにくいので、ひと晩漬けてもOK。

のっけごはん

粒マスタードしょうゆだれ

カリカリタイプのから揚げは、下味の酒を多めに。サクサクッとした食感にひと役買います。はちみつ入りの粒マスタードだれが絶品！

サルサソースがけ

こちらは、卵と油を加えたころもで、鶏むね肉をしっかりコーティング。おかげで、冷めてもやわらかいままです。ピリ辛ソースで、ごはんがすすむ味わい。

材料（2〜3人分）

鶏もも肉…大1枚（300g）

A　塩、こしょう…各少々
　酒…大さじ2

小麦粉…大さじ1

B　しょうゆ…大さじ1½
　粒マスタード…小さじ2
　はちみつ…小さじ1

ごはん…茶碗2〜3杯分

小麦粉、揚げ油、レタス（細切り）、
マヨネーズ…各適量

1. 鶏肉は3〜4cm角のそぎ切りにし、Aをしっかりもみ込み、小麦粉大さじ1を加えて菜箸で混ぜ、さらに小麦粉をしっかりまぶす。中温（170℃）の揚げ油に入れ、強火でカリカリに4〜5分揚げる。

2. 器にごはんを盛って❶、レタスをのせ、混ぜたBをかけ、マヨネーズを添える。

ポイント

鶏肉に下味をもみ込んで小麦粉大さじ1を混ぜたら、さらに小麦粉を手で押しつけるようにして二度づけする。これが、カリカリに仕上げる大事なポイント。

材料（2〜3人分）

鶏むね肉…1枚（200g）

A　塩、こしょう…各少々
　酒…小さじ1

B　溶き卵…½個分
　オリーブ油…小さじ2
　片栗粉…大さじ3

C　トマト（1cm角に切る）…1個
　紫玉ねぎ（みじん切り）…¼個
　香菜《シャンツァイ》（みじん切り）…1株
　青唐辛子（みじん切り）…1本＊
　白ワインビネガー、砂糖
　　…各小さじ1
　塩…小さじ½

ごはん…茶碗2〜3杯分

揚げ油、ベビーリーフ…各適量

＊または一味唐辛子少々

1. 鶏肉は3〜4cm角のそぎ切りにし、Aをしっかりもみ込み、Bを順に加えて菜箸で混ぜる。中温（170℃）の揚げ油に入れ、強火でこんがり3〜4分揚げる。

2. 器にごはんを盛ってベビーリーフ、❶をのせ、混ぜたCをかける。

ポイント

トマトの酸味がきいたピリッと辛いサルサソースは、サラダや豆腐、そうめんにかけて食べてもおいしい。ポテトチップスにつけておつまみにもぜひ。

のっけサラダ

コチュジャンケチャップあえ

ケチャップを混ぜることで、まろやかに。
ふんわりから揚げにしっかりからんで、
野菜がたっぷり食べられます。
キャベツやかいわれ、豆苗《トウミョウ》でも合います。

ポン酢ごまだれ

小麦粉の二度づけでカリカリ感を増したから揚げに、
しょうがのきいたポン酢だれがじゅわ〜っと。
鶏肉は全体にからむよう、やや小さく切ります。
レタス、かいわれ、トマトと玉ねぎで作っても。

材料（2〜3人分）

鶏むね肉 … 小2枚（320g）

A
- にんにく（すりおろす）… ½かけ
- 塩、こしょう … 各少々
- 酒 … 大さじ1

B
- 小麦粉 … 大さじ3
- 溶き卵 … 1個分

C
- コチュジャン … 大さじ2
- ケチャップ … 大さじ1½
- 酢、はちみつ、水 … 各大さじ1
- しょうゆ … 大さじ½
- にんにく（すりおろす）… ½かけ

きゅうり（すりこ木でたたき、
ひと口大に割る）… 2本

長ねぎ（縦半分に切り、斜め薄切り）… ½本

揚げ油 … 適量

1. 鶏肉は3〜4cm角のそぎ切りにし、Aをしっかりもみ込み、Bを順に加えて菜箸で混ぜる。中温（170℃）の揚げ油に入れ、強火でこんがり4〜5分揚げ、混ぜたCに加えてあえる。
2. 長ねぎは水に5分さらし、水けをきってきゅうりとともに器に盛り、❶をのせる。

ポイント

コチュジャンは、もち米麹と唐辛子粉から作られる韓国の甘みのある唐辛子みそ。煮ものやスープに加えたり、マヨネーズと混ぜ、から揚げをつけて食べても美味。

材料（2〜3人分）

鶏もも肉 … 大1枚（300g）

A
- しょうが（すりおろす）… ½かけ
- 塩、こしょう … 各少々
- 酒 … 大さじ1½

小麦粉 … 大さじ1

B
- ポン酢じょうゆ … 大さじ4
- 白すりごま … 大さじ2
- しょうが（すりおろす）… ½かけ

キャベツ（ひと口大にちぎる）… 大2枚

小麦粉、揚げ油 … 各適量

1. 鶏肉は2〜3cm角のそぎ切りにし、Aをしっかりもみ込み、小麦粉大さじ1を加えて菜箸で混ぜ、さらに小麦粉をしっかりまぶす。中温（170℃）の揚げ油に入れ、強火でカリッと4〜5分揚げる。
2. 器にキャベツを盛って❶をのせ、混ぜたBをかける。

鶏むね肉で

あっさりと軽い味わいの鶏むね肉は、
なんといっても、パサつきが最大の敵。
卵や油入りのころもをからめれば、
しっとりとした揚げ上がりは保証つきです。

白ごま揚げ

卵と油でコーティングして、ジューシーに。20分漬けてからだと、一層おいしくなります。

材料（2～3人分）

鶏むね肉 … 小2枚（320g）

A
- しょうが（すりおろす）… 1かけ
- しょうゆ … 大さじ1
- 酒 … 大さじ½

B
- 溶き卵 … 1個分
- ごま油 … 大さじ½
- 片栗粉 … 大さじ4
- 白いりごま … 大さじ3

揚げ油、サラダ菜 … 各適量

1. 鶏肉は3～4cm角のそぎ切りにし、Aをしっかりもみ込み、Bを順に加えて菜箸で混ぜる。
2. 中温（170℃）の揚げ油に手でころもをからめながら入れ、強火でこんがり4～5分揚げる。サラダ菜を添える。

ゆずこしょう味

ゆずの香り、ほのかな辛みが口に広がります。ころもに加えるゆずは、青ゆずでも。

材料（2～3人分）

鶏むね肉 … 小2枚（320g）

A
- ゆずこしょう … 小さじ1
- 酒 … 大さじ2

B
- サラダ油 … 大さじ½
- 片栗粉 … 大さじ2
- ゆずの皮（せん切り・あれば）… 少々

揚げ油、水菜（3cm長さに切る）… 各適量

1. 鶏肉は3～4cm角のそぎ切りにし、Aをしっかりもみ込み、Bを順に加えて菜箸で混ぜる。
2. 中温（170℃）の揚げ油に手でころもをからめながら入れ、強火でこんがり4～5分揚げる。水菜を添える。

ポイント

ゆずこしょうは、青唐辛子、塩、青ゆずの皮を混ぜた九州の調味料。煮もの、炒めもの、鍋のほか、豚肉に塗って巻き、フライにしても。

青じそ揚げ

高温で短時間で揚げるのが、おいしさのコツ。にんにくじょうゆの下味もきいています。

材料（2～3人分）

鶏ささみ…6本(300g)

A｜にんにく（すりおろす）…1かけ
｜しょうゆ…大さじ1
｜酒…大さじ½
｜青じそ（粗みじん切り）…5枚

B｜小麦粉…大さじ3
｜青じそ（粗みじん切り）…5枚

揚げ油…適量

1. ささみは筋を除いて斜め2～3等分に切り、Aをしっかりもみ込み、混ぜたBをまぶす。
2. 高温（180℃）の揚げ油に入れ、強火でこんがり2分ほど揚げる。

粉チーズ味

ころもは、手でにぎるようにして、しっかりまぶして。これで、チーズの風味が引き立ちます。

材料（2～3人分）

鶏ささみ…6本(300g)

A｜塩…小さじ½
｜こしょう…少々
｜酒…小さじ2

B｜粉チーズ…大さじ3
｜小麦粉…大さじ2

揚げ油、クレソン（あれば）…各適量

1. ささみは筋を除いて長さを3～4等分に切り、Aをしっかりもみ込み、混ぜたBを押しつけるようにしてしっかりまぶす。
2. 高温（180℃）の揚げ油に入れ、強火でカリッと2分ほど揚げる。クレソンを添える。

ささみで

淡泊なささみは、揚げすぎに注意。
強火で2分ほど火を通せば、
まわりはカリッ、中はふっくらです。

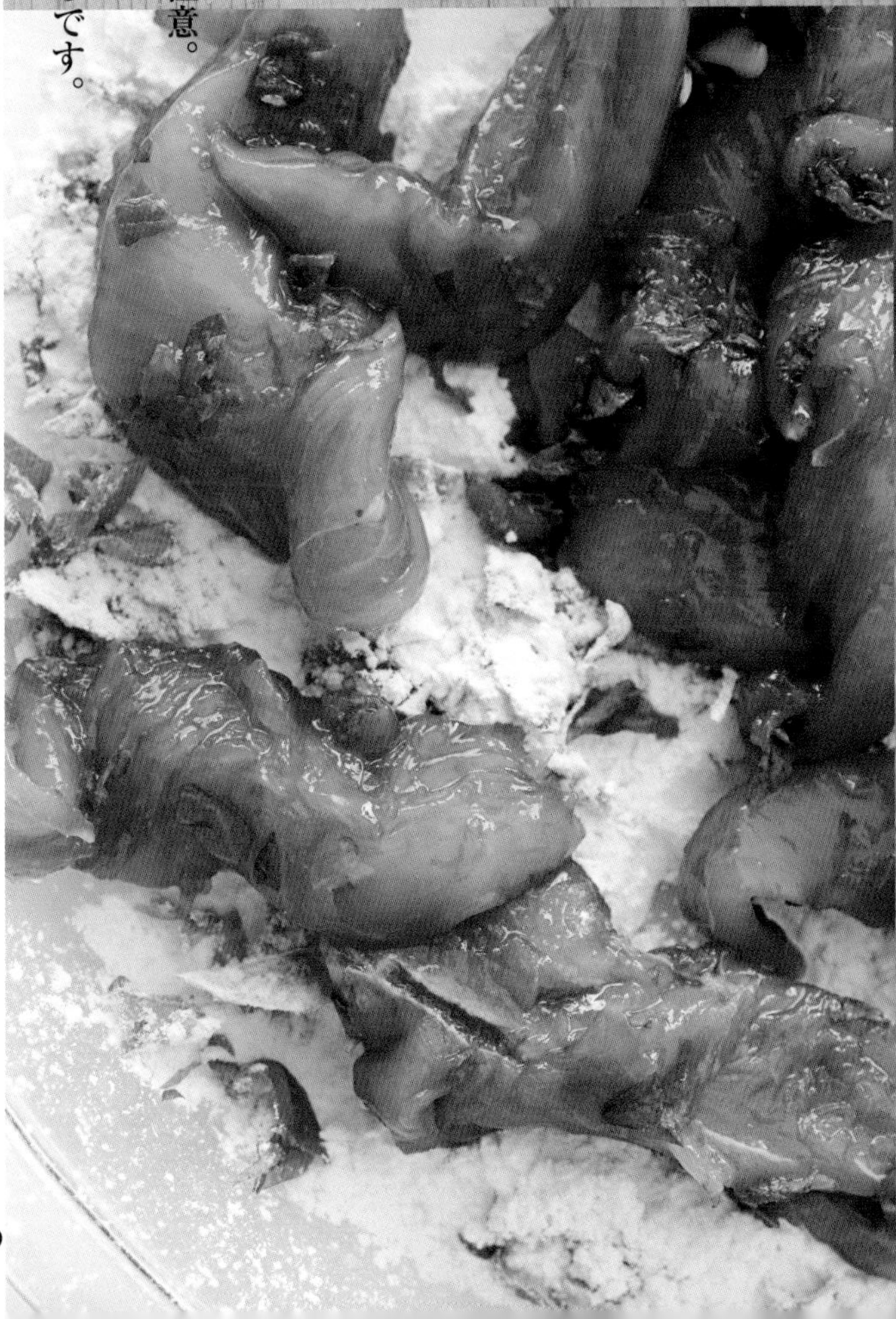

手羽中で

手羽中を半分に切った鶏スペアリブは、骨つきで、コクのあるうまみが特徴。多めに粉をまぶし、カリッと揚げましょう。

甘辛味黒こしょうがらめ

冷めてもおいしく、持ち寄り会で人気ナンバーワン！
長めに8～9分揚げてカリカリに、がコツです。

材料（2～3人分）

鶏スペアリブ（手羽中を半分に切ったもの）
… 約20本（450g）
塩、こしょう … 各少々
A しょうゆ、梅酒（なければみりん）
… 各大さじ1½
砂糖 … 大さじ1
小麦粉、揚げ油、粗びき黒こしょう … 各適量

1. 鶏肉は塩、こしょうをすり込み、小麦粉をしっかりまぶしてはたく。中温（170℃）の揚げ油に入れ、強火でカリッと8～9分揚げる。
2. 耐熱ボウルにAを入れ、ラップをかけて電子レンジ（600W）で2分加熱し、アツアツの❶を加えてあえ、黒こしょうをふる。

にんにくナンプラー味

ナンプラーが苦手な人でも、おいしく食べられます。
クセはどこへやら、うまみだけが残ります。

材料（2～3人分）

鶏スペアリブ（手羽中を半分に切ったもの）
… 約20本（450g）
A にんにく（みじん切り）… 1かけ
香菜《シャンツァイ》（みじん切り）… 2株
ナンプラー、酒 … 各大さじ1
豆板醤、砂糖 … 各小さじ⅓
小麦粉、揚げ油、レモン … 各適量

1. 鶏肉はAをもみ込んで20分おき、小麦粉をしっかりまぶしてはたく。
2. 中温（170℃）の揚げ油に入れ、強火でカリッと7～8分揚げる。レモンを添える。

【手羽先で】梅オイスター味

粉を加えたあと、しっかりもみ込むことで、
ころもに味がうつって、よりおいしく。
梅＋オイスターソースの合わせワザで、
えもいわれぬ深い味わいです。

材料（2～3人分）

鶏手羽先 … 8本（450g）

A
- 梅干し（たたく）、酒 … 各大さじ1
- オイスターソース … 大さじ½
- しょうゆ、ごま油 … 各小さじ1
- にんにく（すりおろす）… 1かけ

片栗粉 … 大さじ3

揚げ油、かいわれ（根元を切る）… 各適量

1. 手羽先は、裏側に骨に沿って深めに1本切り込みを入れ、Aをしっかりもみ込み、片栗粉を加えてもみ込む。
2. 中温（170℃）の揚げ油に入れ、強火でカリッと7～8分揚げる。器に盛り、かいわれを添える。

ポイント

手羽先は、裏側に骨に沿って深めに1本切り込みを入れておくのがコツ。これで火の通りが早くなり、味のしみ込みもよくなる。

粉山椒味【手羽元で】

ボリューム満点でうまみの強い骨つき肉に、香り高く、パンチのある粉山椒を合わせて、きりりと引きしめた絶品から揚げです。粉山椒は、下味とところもの両方に加えるのがコツ。

ポイント

粉山椒は、山椒の実を乾燥させ、粉状にした香辛料。揚げものにふったり、肉のたれに加えると、香りと辛みが加わって、いつもの料理が目新しくなる。

材料（2～3人分）

鶏手羽元 … 8本（450g）

A | 粉山椒、塩、しょうゆ … 各小さじ½
  | 酒 … 大さじ1

B | 小麦粉 … 大さじ3
  | 粉山椒 … 小さじ½

揚げ油、粉山椒 … 各適量

1. 手羽元はAをもみ込んで20分おき、混ぜたBをしっかりまぶす。
2. 中温（170℃）の揚げ油に入れ、強火でカリッと7～8分揚げる。器に盛り、粉山椒をふる。

から揚げつまみプレート

キャベツのキムチ風

明太子のうまみ、にんにくの香りで、キムチ風の深い味わいが楽しめます。切り干し大根、わかめ、きゅうりで作っても。

じゃこおろし

老舗の居酒屋さんで食べて、感激したおつまみがこれ。酢じょうゆで大根をマイルドに。

ゆかりから揚げ

ゆかりの香り、酸味がきいた、お酒のすすむ味。マヨネーズで下味をつければ、卵いらずで肉がやわらかくなります。

ゆかりから揚げ

材料（2〜3人分）

鶏もも肉 … 大1枚（300g）

A | マヨネーズ、酒 … 各大さじ1
　| ゆかり … 小さじ⅓

小麦粉 … 大さじ1

B | 片栗粉 … 大さじ2
　| ゆかり … 小さじ½

揚げ油 … 適量

1. 鶏肉は5〜6等分に切り、Aをしっかりもみ込み、小麦粉を加えて菜箸で混ぜ、混ぜたBをしっかりまぶす。
2. 中温（170℃）の揚げ油に入れ、強火でカリッと5〜6分揚げる。

キャベツのキムチ風

材料（2〜3人分）

キャベツ … 大2枚

A | 明太子（薄皮を除く）… ½腹（1本・40g）
　| にんにく、しょうが（すりおろす）
　| … 各1かけ
　| しょうゆ、粗びき粉唐辛子＊
　| … 各小さじ1

＊または一味唐辛子少々

1. キャベツは耐熱皿にのせ、ラップをかけて電子レンジ（600W）で2分加熱する。粗熱がとれたら大きめのひと口大に切り、水けを絞り、混ぜたAに加えてあえる。

じゃこおろし

材料（2〜3人分）

大根おろし（水けを軽くきる）
　… 1½カップ（10cm分）＊

ちりめんじゃこ … ¼カップ（15g）

A | 酢、しょうゆ … 各小さじ½

＊あれば、鬼おろしで粗くすりおろす

1. 器に大根おろしを盛り、じゃこをのせ、混ぜたAをかける。

から揚げ弁当

ポテマヨ入り卵焼き

じゃがいも入りで、ボリューム満点。卵にマヨネーズを混ぜると、しっとりと焼き上がります。

しょうが風味のふんわりから揚げ

冷めてもやわらかいのが、むね肉の美点。卵と油入りのころもで揚げれば、半日たっても、ふんわりおいしいまま！

ブロッコリーのおかかあえ

ブロッコリーからしみ出る水けをおかかが受け止めてくれます。歯ごたえを残してゆでるのもコツ。

しょうが風味のふんわりから揚げ

材料（2人分）

鶏むね肉 … 1枚（200g）

A しょうが（すりおろす）… ½かけ
塩 … 小さじ⅓
酒 … 小さじ2

B 溶き卵 … ½個分
ごま油 … 小さじ1
片栗粉 … 大さじ2

揚げ油 … 適量

1. 鶏肉は3～4cm角のそぎ切りにし、Aをしっかりもみ込み、Bを順に加えて菜箸で混ぜる。
2. 中温（170℃）の揚げ油に入れ、強火でこんがり3～4分揚げる。

ブロッコリーのおかかあえ

材料（2人分）

ブロッコリー … 6房

A 削り節 … 大さじ2
しょうゆ … 小さじ1

1. ブロッコリーは熱湯でややかためにゆで、湯をきり、Aを加えてあえる。

ポテマヨ入り卵焼き

材料（2人分）

卵 … 1½個分
じゃがいも … 小½個（50g）

A マヨネーズ … 大さじ1
牛乳 … 大さじ½
塩、こしょう … 各少々

サラダ油 … 少々

1. じゃがいもは皮をむいて洗い、ラップで包んで電子レンジ（600W）で1分30秒加熱し、フォークで粗くつぶす。溶いた卵にAとともに加え、よく混ぜる。
2. 卵焼き器にサラダ油を熱し、キッチンペーパーで塗り広げ、❶の半量を流して強めの中火で焼き、表面が乾いたら手前に巻く。
3. 卵焼きを向こう側に寄せ、あいたところにペーパーの油を塗り、残りの❶を流して同様に焼く。食べやすく切って詰める。

ポイント

手前に巻いた卵焼きを向こう側に寄せたら、残りの卵液をすべて流し、卵焼きの下にも流して焼く。

②つくね

基本のつくね

ゆるめのたねで、やわらかく焼き上げる、
ふんわりとした自慢のレシピです。
そのぶん生地がだれやすいので、調味料を加えたら、
粘りが出るまでそのつど手で練り混ぜて。
焼いたあとペーパーで脂をふきとるのもポイントで、
こうすると、甘辛だれがしっかりからみます。

冷凍保存のしかた

◎たねのまま

ひき肉に香味野菜、調味料、卵、片栗粉を練り混ぜ、ファスナー式の保存袋に平らに入れて冷凍室へ。日持ちは1か月くらい。使う時には、凍ったまま四角く切るか手で割り、丸めずにそのまま焼けばOK。

◎つくねにして

両面を焼いてたれはからめずに、冷めたらファスナー式の保存袋に入れて冷凍室へ。日持ちは1か月くらい。解凍は、たれと合わせて電子レンジで加熱すればOK。凍ったままスープなどに加えても。

材料（2～3人分／8個）

鶏ひき肉…300g

A
- 長ねぎ（みじん切り）…½本
- しょうが（すりおろす）…1かけ
- 酒…大さじ½
- 塩…小さじ¼
- 卵…1個
- 片栗粉…大さじ2

B
- しょうゆ、酒…各大さじ2
- 砂糖、みりん…各大さじ1

サラダ油…大さじ½

1 たねを作る

ボウルにひき肉を入れ、Aを順に加え、そのつど手で練り混ぜる。まず、長ねぎとしょうがを加え、軽く混ぜる。

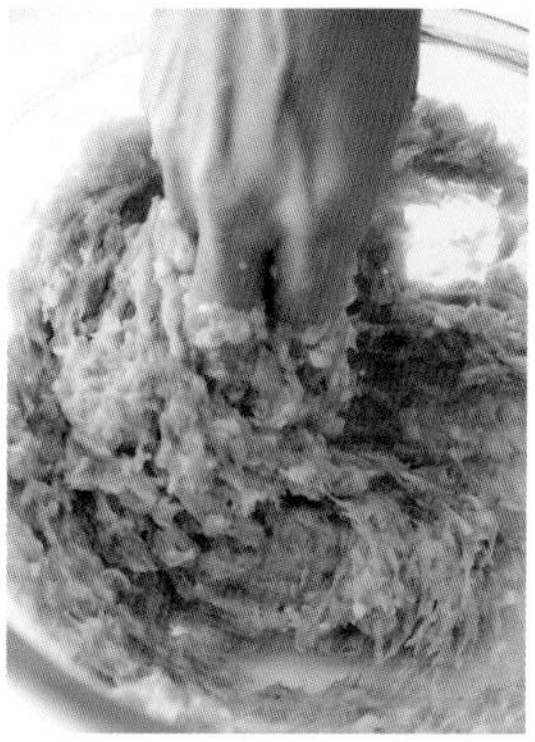

調味料を加えたら、最初はつかむように、混ざってきたら手でぐるぐる回すようにして、粘りが出るまで練り混ぜる。

＊ゆるい生地のため、粘りを出さないとまとまらないので注意

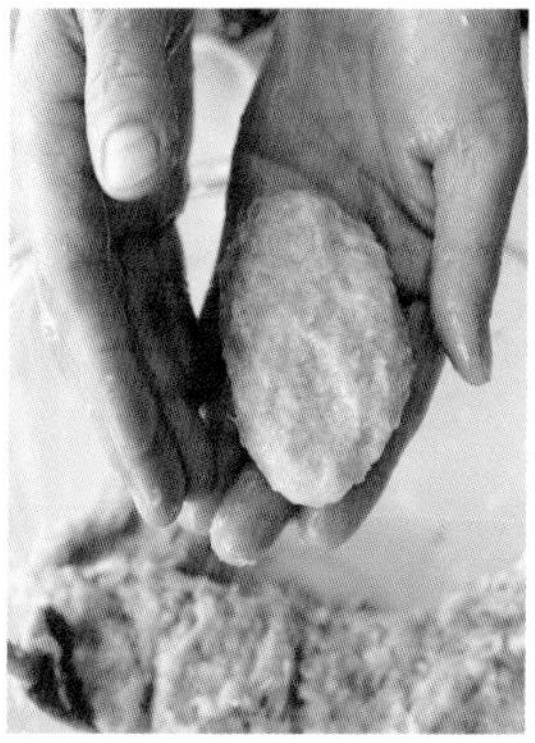

2 形作る

たねを8等分し、手に水をつけて、小判形にまとめる。

＊水をつけると、手にたねがつきにくく、きれいにまとめられる

3 焼く

フライパンにサラダ油を熱し、たねを並べ、中火で4～5分焼く。焼き色がついたら裏返し、もう片面も同様に焼く。

＊中火でずっと焼くことで、肉汁が出ずにおいしく仕上がる

4 たれをからめる

フライパンの脂をキッチンペーパーでふき、

＊これで、たれの調味料がぐっとからみやすくなる

Bを加え、肉を時々返しながら、強めの中火でからめる。ツヤが出て、たれに少しとろみがつけばでき上がり。

がっつりつくね
青じそチーズ入り

チーズは棒状に切って重ね、
少し厚みを出してから包むと、
焼いた時にとろりとほどよく溶けて
ジューシーな仕上がりに。
コクのあるチーズと、青じその香り。
このハーモニーがたまりません！

材料（2～3人分／12個）

鶏ひき肉…300g
A
- 長ねぎ（みじん切り）…⅓本
- 青じそ（せん切り）…10枚
- 酒…大さじ½
- 塩…小さじ½
- 卵…1個
- 片栗粉…大さじ2

プロセスチーズ
（12等分の棒状に切る）…100g
サラダ油…大さじ½

1. ボウルにひき肉を入れ、Aを順に加えてそのつど手で練り混ぜ、12等分してチーズを入れて包み、細長くまとめる。
2. フライパンにサラダ油を熱し、❶の両面を中火で4～5分ずつ焼く。

ポイント

たねを12等分したら、棒状に切ったチーズをまん中に入れて包み、細長くまとめる。チーズは切れているタイプなら、12枚を縦半分に切り、2枚ずつ重ねて使用。

トマト煮クミン風味

つくねの表面にこんがりと焼き色をつけたら、
トマトをすりおろして加えるだけ！の
簡単トマトソース煮です。
クミンパウダーで香りをプラスすれば、
ワンランク上の味わいに仕上がります。

材料（2～3人分／12個）

鶏ひき肉…300g

A
- 玉ねぎ（みじん切り）…½個
- 酒…大さじ½
- 塩…小さじ½
- 卵…1個
- 片栗粉…大さじ2
- クミンパウダー…小さじ½

トマト（すりおろす）…2個

にんにく（すりおろす）…1かけ

B
- クミンパウダー…小さじ1
- 塩…小さじ½
- こしょう…少々

サラダ油…大さじ½

粗びき黒こしょう…少々

1 ボウルにひき肉を入れ、Aを順に加えてそのつど手で練り混ぜ、12等分して小判形にまとめる。

2 フライパンにサラダ油を熱し、❶の両面を強火で2～3分ずつ焼く。にんにくを加えて中火で炒め、香りが出たらトマト、Bを加えて4～5分煮る。器に盛り、黒こしょうをふる。

ポイント

クミンは、エキゾチックな香りで辛みが少ない、カレーに欠かせないスパイス。サラダをこれと塩、こしょう、オイル、ビネガーであえたり、スープに加えても。

つくねの両面が焼けたら、まずにんにくを加えてさっと炒め、香りを立たせる。ここにすりおろしたトマトを加えれば、簡単トマトソースのでき上がり。

つまみ風つくね

鶏なんこつ入り

なんこつは、細かく刻みすぎずに、コリッとした食感を残すとおいしい。そのぶん、焼き時間は1～2分長めに。はちみつでコクとツヤを加えます。

材料（2～3人分／12個）

鶏ひき肉…200g
鶏なんこつ（粗みじんに切る）…100g
A しょうが（すりおろす）…1かけ
　酒…大さじ½
　塩…小さじ¼
　卵…1個
　片栗粉…大さじ2
B しょうゆ、酒…各大さじ2
　はちみつ…大さじ1½
サラダ油…大さじ½

1. ボウルにひき肉、なんこつを入れ、Aを順に加えてそのつど手で練り混ぜ、12等分して平たい丸形にまとめる。
2. フライパンにサラダ油を熱し、❶の両面を中火で5～6分ずつ焼く。フライパンの脂をふき、Bを加え、強めの中火でからめる。

ポイント

なんこつは粗みじんに切り、ひき肉と混ぜる。歯ごたえが残るようにざくざくっと粗めに刻み、細かくしすぎないのがポイント。

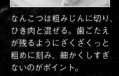

香菜《シャンツァイ》ナンプラー味

大好きな香菜をたっぷり加え、
にんにくとナンプラーでパンチをきかせた、
アジアンテイストのつくねです。
唐辛子をふって、ピリッとさせるとおいしい。

材料（2～3人分／6個）

鶏ひき肉…300g

A
- 玉ねぎ（みじん切り）…¼個
- にんにく（みじん切り）…1かけ
- 香菜《シャンツァイ》（葉はつみ、茎はみじん切り）…2株
- ナンプラー…大さじ1
- 砂糖、酒…各大さじ½
- 塩、こしょう…各少々
- 卵…1個
- 片栗粉…大さじ1

サラダ油…大さじ½

粗びき粉唐辛子（または一味唐辛子）…少々

1. ボウルにひき肉を入れ、A（香菜は茎のみ）を順に加えてそのつど手で練り混ぜ、6等分して木の葉形にまとめる。

2. フライパンにサラダ油を熱し、❶の両面を中火で4～5分ずつ焼く。器に盛って唐辛子をふり、香菜の葉を添える。

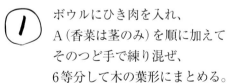

のっけごはん

ごまみそ味

こっくりとしたみそだれに、
香ばしい白ごまも加えた、濃厚な味わい。
万能ねぎの香りが、またよく合うんです。
たれが煮詰まったら、水を加えてのばして。

塩昆布とバターソース

塩昆布とバターのコクのある味つけで、
もう、ごはんが何杯でも！
バターは最後に加えてさっと溶かし、
極上の香りを生かしましょう。

材料（2～3人分／4個）

鶏ひき肉 … 300g

A
- しょうが（みじん切り）… 1かけ
- 酒 … 大さじ½
- 塩 … 少々
- 卵 … 1個
- 片栗粉 … 大さじ2

B
- みそ、酒、水 … 各大さじ2
- 砂糖、白いりごま … 各大さじ1
- しょうゆ … 小さじ1

サラダ油 … 大さじ½
ごはん … 茶碗2～3杯分
万能ねぎ（斜め薄切りにし、
水に2～3分さらす）… 4本

1. ボウルにひき肉を入れ、
Aを順に加えてそのつど手で練り混ぜ、
4等分して木の葉形にまとめる。

2. フライパンにサラダ油を熱し、
❶の両面を中火で4～5分ずつ焼く。
フライパンの脂をふき、混ぜたBを加え、
強めの中火でからめる。
器に盛ったごはんにのせ、
万能ねぎを添える。

ポイント

つくねが焼けたら、まずフライパンの脂をキッチンペーパーでふきとり、それから混ぜたみそだれを加えるのがコツ。これで味が全体によくからむ。

材料（2～3人分／18個）

鶏ひき肉 … 300g

A
- 長ねぎ（みじん切り）… ½本
- 酒 … 大さじ1
- 塩 … 少々
- 卵 … 1個
- 片栗粉 … 大さじ2

B
- 塩昆布（細かく刻む）… 大さじ3
- 水 … 大さじ2
- 酒、みりん … 各大さじ1
- 塩 … 小さじ¼

バター（1cm角に切る）… 20g
サラダ油 … 大さじ½
ごはん … 茶碗2～3杯分
小松菜（熱湯でゆで、
3～4cm長さに切る）… 小1束

1. ボウルにひき肉を入れ、
Aを順に加えてそのつど手で練り混ぜ、
18等分して平たい丸形にまとめる。

2. フライパンにサラダ油を熱し、
❶の両面を中火で4～5分ずつ焼く。
フライパンの脂をふき、Bを加え、
煮立ったらバターを加え、
強めの中火でからめる。
器に盛ったごはんにのせ、
小松菜を添える。

ポイント

塩昆布ソースが煮立ったら、最後にバターを加えて溶かし、風味よく仕上げる。バターは小さく切っておくと、手早く溶けてラク。

ヘルシーつくね
ごぼう入り青じそ巻き

少なめのひき肉で、卵を使わずに、
ごぼうでかさ増ししたヘルシー版。
塩味でさっぱりと焼き上げました。
青じその香りが食欲をそそります。

材料（2～3人分／8個）

鶏ひき肉…200g

A
- 長ねぎ（みじん切り）… 1/4本
- ごぼう（ささがきにする）
  … 小1本（100g）
- 酒 … 大さじ1/2
- 塩 … 小さじ2/3
- 片栗粉 … 大さじ2

青じそ…8枚

片栗粉…少々

サラダ油…大さじ1/2

1. ごぼうはラップで包み、電子レンジ（600W）で4分加熱して冷まし、水けをふく。
2. ボウルにひき肉を入れ、Aを順に加えてそのつど手で練り混ぜ、8等分して小判形にまとめる。裏面に片栗粉をまぶした青じそを、肉をはさむようにして巻きつける。
3. フライパンにサラダ油を熱し、青じそを下にして❷を入れ、中火で2～3分、裏返して7～8分焼く。

ポイント

ごぼうは皮をよく洗い、皮つきのままささがきにし、電子レンジで4分加熱してやわらかくする。冷めたら水けをふき、たねに加えて。

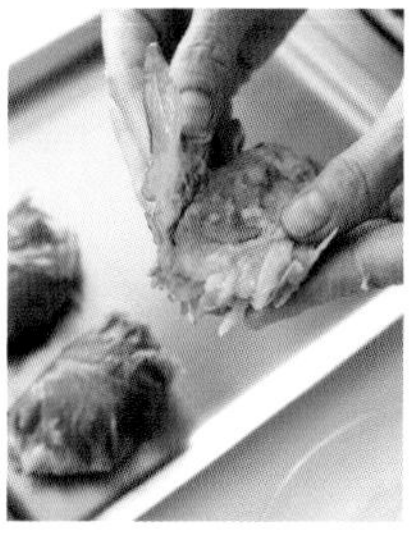

青じそは、バットなどに広げた片栗粉に裏面を押しつけてまぶし、その面を肉側にしてはさむように巻きつけると、はがれにくくなる。

豆腐とひじき入り

肉の倍量の豆腐を加え、ぐっとヘルシーに。
先にこの2つをしっかり混ぜておくと、
十分になじんで、確実においしく作れます。
ひじきでボリュームアップしつつ、
たれには酢を加えて、あと味すっきりと。

材料（2～3人分／8個）

鶏ひき肉…150g
A｜木綿豆腐（ふきんで包み、
　　水けを絞る）…1丁（300g）
　玉ねぎ（みじん切り）…¼個
　芽ひじき（乾燥・水につけて戻し、
　　水けを絞る）…大さじ2
　塩…小さじ¼
　片栗粉…大さじ2
B｜しょうゆ…大さじ2
　酢、砂糖、みりん…各大さじ1
サラダ油…大さじ½
春菊（葉をつむ）…適量

1. ボウルにひき肉を入れ、Aを順に加えてそのつど手で練り混ぜ、8等分して平たい丸形にまとめる。
2. フライパンにサラダ油を熱し、❶の両面を中火で4～5分ずつ焼く。フライパンの脂をふき、Bを加え、強めの中火でからめる。器に盛り、春菊を添える。

ポイント

豆腐の水きりは、切らずに大きいままふきんで包み、両手でぎゅっと絞ればOK。

【豚ひき肉で】れんこん甘辛味

薄切りのれんこんで、つくねをサンド。
こげたれんこんの香ばしさと、
肉のうまみが合わさって、極上の味わい。
たれに酢を加え、甘酢にしてもいけますよ。

材料（2～3人分／10個）

豚ひき肉…300g
A
- 長ねぎ（みじん切り）…⅓本
- 酒…大さじ½
- 塩…少々
- 卵…1個
- 片栗粉…大さじ2

れんこん（2mm厚さ20枚に切る）
…小1節（150g）
B
- しょうゆ、酒、みりん
…各大さじ2
- 砂糖…大さじ1

片栗粉…少々
ごま油…大さじ½

1. ボウルにひき肉を入れ、Aを順に加えてそのつど手で練り混ぜ、10等分して丸める。片面に片栗粉をまぶしたれんこん2枚ではさみ、しっかりくっつける。

2. フライパンにごま油を熱し、❶の両面を中火で焼きつけ、ふたをして弱火で10分焼く。フライパンの脂をふき、Bを加え、強めの中火でからめる。

ポイント

れんこんは、バットなどに広げた片栗粉に片面を押しつけてまぶし、その面を肉側にして2枚でたねをはさむ。ぎゅっぎゅっと押しつけ、はがれないようにして。

長いも入り梅味

チンしてたたいた長いもを加えて、
ほっくりとした甘みをプラスしました。
豚ひき肉のしっかりとしたかみ心地も魅力。
そのぶん、梅味であっさりと仕上げます。

【豚ひき肉で】

材料（2～3人分／6個）

豚ひき肉 … 300g

A
- 長ねぎ（みじん切り）… ⅓本
- 長いも … 5cm（100g）
- 酒 … 大さじ½
- 塩 … 少々
- 卵 … 1個
- 片栗粉 … 大さじ2

B
- 梅干し（たたく）… 大さじ2
- 酒 … 大さじ1
- みりん … 大さじ½
- 塩 … ふたつまみ

サラダ油 … 大さじ½
青じそ … 適量

1. 長いもはよく洗って皮ごとラップで包み、電子レンジ（600W）で4分加熱し、フォークで粗くつぶす。
2. ボウルにひき肉を入れ、Aを順に加えてそのつど手で練り混ぜ、6等分して棒状にまとめる。
3. フライパンにサラダ油を熱し、❷の両面を中火で4～5分ずつ焼く。フライパンの脂をふき、混ぜたBを加え、強めの中火でからめる。器に盛り、青じそを添える。

ポイント

長いもはよく洗い、うまみと栄養のある皮ごと電子レンジで加熱し、フォークで粗くつぶす。さくさくした歯ごたえがほしければ、2分チンするか生で加えても。

つくねつまみプレート

カリフラワーの甘酢あえ

電子レンジであっという間に作れる、簡単ピクルスです。多めに作れば、冷蔵室で４～５日もちます。

アスパラのスティックつくね

アスパラのサクッとした歯ざわりもごちそう。やわらかいたねなので、つなぎにはパン粉を使い、ラップを使ってまとめます。味つけは、シンプルに塩、黒こしょうのみで。

セロリの塩昆布ごま油あえ

近くの串揚げ屋さんでいつも食べる、お気に入りの料理のひとつです。もう、本当においしくて簡単なんです。

アスパラのスティックつくね

材料（2〜3人分／6本）

鶏ひき肉…300g
A｜玉ねぎ（すりおろす）
　　…大さじ1
　｜塩、こしょう…各少々
　｜卵…1個
　｜パン粉…大さじ3
グリーンアスパラ（下の皮を
　ピーラーでむく）…大6本
塩…小さじ½
小麦粉…少々
サラダ油…大さじ½

1. ボウルにひき肉を入れ、Aを順に加えてそのつど手で練り混ぜる。6等分し、手に水をつけてラップの上に4×15cmに広げ、小麦粉をまぶしたアスパラを1本ずつのせて巻く。

2. フライパンにサラダ油を熱し、❶を中火で転がしながら6〜7分焼き、塩をふる。

ポイント

15×30cmくらいに切ったラップの上に、水をつけた手でたねを4×15cmに広げ、小麦粉を全体にまぶしたアスパラをのせ、くるりと1回巻く。

→

上から一度ぎゅっと押さえ、くるくる巻き、両手でころころ転がして形を整える。ラップをはがし、これを合計6本作る。

カリフラワーの甘酢あえ

材料（2〜3人分）

カリフラワー（小房に分ける）…½株（250g）
A｜酢…大さじ2
　｜みりん…大さじ1
　｜しょうゆ…大さじ½
　｜だし汁…大さじ3
　｜砂糖…小さじ1
　｜塩…小さじ¼
　｜赤唐辛子（小口切り）…1本

1. 耐熱ボウルにA、カリフラワーを入れ、はりつけるように落としラップをし、電子レンジ（600W）で1分30秒加熱する。冷めるまで10分ほどおくと、よりおいしい。

ポイント

カリフラワーのゆで時間短縮には、電子レンジを。カリフラワーにはりつけるようにして、落としラップをするのがコツ。冷めるまでおくと、より味がなじむ。

セロリの塩昆布ごま油あえ

材料（2〜3人分）

セロリ（5mm幅の斜め切り、
　葉はざく切り）…1本
A｜塩昆布…大さじ2
　｜金いりごま（または白いりごま）
　　…小さじ2
　｜ごま油…小さじ1

1. ボウルに材料をすべて入れ、よくあえる。

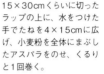

つくね弁当

ふわふわつくね オイスター味

時間がたってもふわふわなままなのは、
豆腐をたっぷり加えているから。
オイスターソースで、ごはんがすすむ味わいに。

アスパラのごまみそあえ

ごまみそは、水でのばすとなめらかに。
マヨネーズを小さじ1ほど加えても、
コクが出てまたおいしい。

れんこんの塩きんぴら

あっさりとした塩味のきんぴらは、
こってりつくねのベストパートナー。
みりんで甘みを加えるのがコツです。

ふわふわつくねオイスター味

材料（2人分／6個）

鶏ひき肉 … 150g

A
- 木綿豆腐（ふきんで包み、水けを絞る）… ½丁（150g）
- 玉ねぎ（みじん切り）… ¼個
- 塩、こしょう … 各少々
- 片栗粉 … 大さじ1½

B
- オイスターソース … 大さじ1
- しょうゆ、酒 … 各小さじ1
- 砂糖 … 小さじ½

サラダ油 … 小さじ1

1. ボウルにひき肉を入れ、Aを順に加えてそのつど手で練り混ぜ、6等分して小判形にまとめる。
2. フライパンにサラダ油を熱し、❶の両面を中火で4分ずつ焼く。フライパンの脂をふき、Bを加え、強めの中火でからめる。

ポイント

豆腐はふきんで包み、ぎゅっと絞って水きりし、ひき肉に加えてまずしっかり練り混ぜる。こうして先に肉と一体化させることで、味がなじんでよりおいしく。

れんこんの塩きんぴら

材料（2人分）

れんこん（薄い半月切り）… 小½節（75g）

A
- みりん … 小さじ2
- 塩 … 小さじ⅓

サラダ油 … 小さじ1

1. フライパンにサラダ油を熱し、れんこんを強火で炒め、こんがりしたらAを加えてからめる。

アスパラのごまみそあえ

材料（2人分）

グリーンアスパラ（下の皮をピーラーでむき、3cm長さに切る）… 4本

A
- 白すりごま、みそ、だし汁（または水）… 各小さじ1

1. アスパラは塩少々（分量外）を加えた熱湯でゆで、湯をきり、混ぜたAに加えてあえる。

③そぼろ

基本のそぼろ

先にひき肉と調味料をしっかり混ぜ、
それから強火にかけていりつけると、
ふっくらやわらかな、極上のそぼろに。
菜箸4本で絶えず混ぜるのも、大事なコツです。
途中でわーっと出てくる汁けを十分にとばすと、
味がぼやけず、ピシリと決まります。

材料（作りやすい分量／3～4人分）

鶏ひき肉…300g

A
- しょうが（すりおろす）…2かけ
- しょうゆ、砂糖…各大さじ2
- 酒…大さじ3

冷凍保存のしかた

◎そぼろにして

冷めたら、ファスナー式の保存袋に平らに入れて冷凍室へ。日持ちは1か月くらい。使う時には、凍ったまま必要な分を手でパキッと割り、解凍は電子レンジで。

1 調味料を混ぜる

フライパンにひき肉を入れ、Aを加える。火はまだつけない状態で。

＊先に調味料を混ぜることで、ふっくらとやわらかく仕上がる

菜箸4本を使って全体に混ぜ、ひき肉に調味料をしっかりなじませる。

＊ヘラよりも菜箸のほうが早くほぐれ、全体に混ざりやすい

2 火にかける

十分になじんだら強火にかけ、菜箸4本で絶えず混ぜながら炒める。油は使わなくていい。

肉に火が通り、パラパラにほぐれればOK。

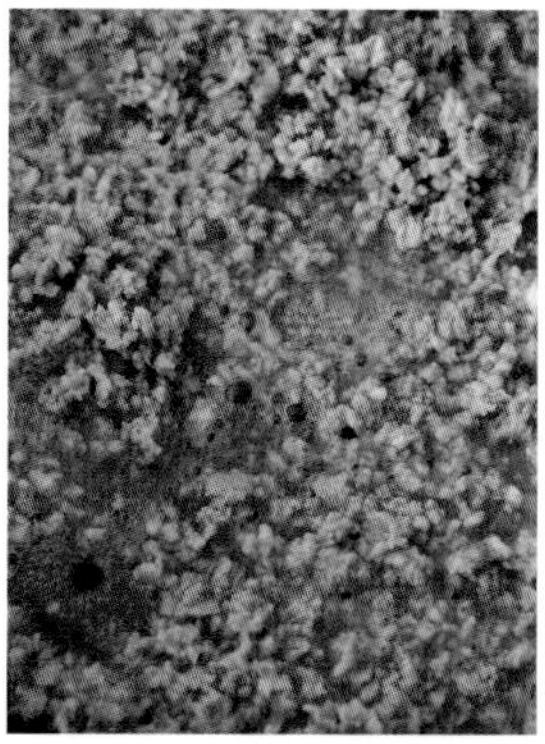

3 汁けをとばす

再び汁けが出てくるので、菜箸で混ぜながら、強火で十分にとばす。

しっかりいりつけて、汁けがなくなり、パラパラになればでき上がり。ごはんに適量をかけて食べる。

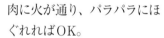

がっつりそぼろ ガーリックカレー

カレー粉にケチャップとはちみつを加え、
味にぐっと深みを出した、
家族みんなが好きな洋風そぼろです。
とろっと半熟の目玉焼きを添えれば、
忙しい日のひと皿夕ごはんにもなります。

材料（2～3人分）　＊そぼろは作りやすい分量／3～4人分

鶏ひき肉…300g
A｜にんにく（みじん切り）…2かけ
　｜カレー粉、ケチャップ…各大さじ1
　｜酒…大さじ3
　｜はちみつ、塩…各小さじ1
ごはん…茶碗2～3杯分
卵…2～3個
クレソン（ちぎる・あれば）…適量

1. フライパンにひき肉、Aを入れてよく混ぜ、強火にかけてパラパラにいりつける。
2. 卵はサラダ油小さじ½（分量外）を熱したフライパンに割り入れ、強火で30秒焼いて火を止め、余熱で火を通して目玉焼きにする。
3. 器にごはんを盛って❶、目玉焼きをのせ、クレソンを添える。

台湾風ルーローファン

台湾の人気屋台料理・豚肉の甘辛煮かけごはんをそぼろでぐんと手軽にアレンジ。五香粉《ウーシャンフェン》の香りで、本格味に仕上げます。ひき肉は鶏肉のほか、豚肉や合びきでもOKです。

ポイント

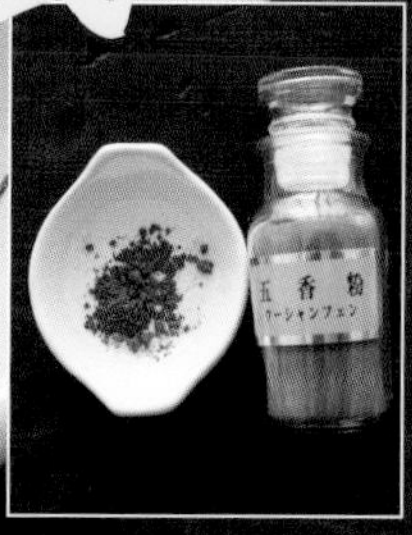

五香粉（ウーシャンフェン）は、八角、シナモン、クローブ、花椒（ホワジャオ）などを合わせた中国のミックススパイス。揚げものや炒めものにひとふりしても。

材料（2～3人分）

＊そぼろは作りやすい分量／3～4人分

鶏ひき肉…300g

A　玉ねぎ（みじん切り）…½個
　　にんにく（みじん切り）…1かけ

B　しょうゆ、酒…各大さじ2
　　砂糖…大さじ½
　　五香粉《ウーシャンフェン》、粗びき黒こしょう…各小さじ½

サラダ油…大さじ½

ごはん…茶碗2～3杯分

たくあん、香菜《シャンツァイ》（あれば）…各適量

1. フライパンにサラダ油を熱し、Aを強火で炒め、薄く色づいたら火を止め、ひき肉、Bを加えてよく混ぜる。
2. 強火にかけてパラパラにいりつけ、器に盛ったごはんにのせ、たくあん、香菜を添える。

玉ねぎを薄く色づくまで炒め、甘みを出したら、火を止めてひき肉、調味料を混ぜる。それから再び火にかけることで、しっとりやわらかなそぼろに仕上がる。

のっけめん

みそごまピリ辛味

じっくり20〜30分煮込むことで、とろりと濃厚な絶品のそぼろが完成！これ、うどんやごはんにかけても合います。ざく切りキャベツにのせ、蒸し煮にしても美味。

あえめん

長ねぎ入り オイスター味

ひき肉にカリッと香ばしく火を通してから、オイスターソースで味つけする炒めもの風。カリカリに焼きつけた焼きそばに、どっさりかけてもいけますよ。

材料 (2～3人分)　＊そぼろは作りやすい分量／3～4人分

豚ひき肉…200g
A｜玉ねぎ(みじん切り)…1個
　｜にんにく、しょうが(みじん切り)
　｜　…各2かけ
　｜赤唐辛子(小口切り)…2本
B｜みそ…大さじ6
　｜酒…大さじ3
　｜酢…大さじ1
　｜しょうゆ…小さじ2
　｜水…2カップ
白すりごま…大さじ4
サラダ油、ごま油…各大さじ1
中華生めん(熱湯でゆで、湯をきる)
　…2～3玉
きゅうり(斜め薄切りにし、せん切り)、
　しょうが(すりおろす)、ラー油…各適量

1. フライパンにサラダ油、ごま油を熱し、Aを強火で炒め、薄く色づいたらひき肉を加え、パラパラになったらBを加えて中火で20～30分煮る。
2. とろりとしたらすりごまを混ぜ、器に盛っためんにかけ、きゅうり、しょうがをのせてラー油をかける。

ポイント

そぼろは、ふたをしないで中火で20～30分煮、ヘラでフライパンをこすった時に、軽く跡が残るくらいのとろみがつけばでき上がり。これでめんによくからむ。

材料 (2～3人分)　＊そぼろは作りやすい分量／3～4人分

鶏ひき肉…300g
A｜長ねぎ(みじん切り)…1本
　｜しょうが(すりおろす)…1かけ
B｜オイスターソース、しょうゆ
　｜　…各大さじ2
　｜酒…大さじ3
　｜砂糖…小さじ1
ごま油…大さじ½
中華生めん(熱湯でゆで、湯をきる)
　…2～3玉
長ねぎ(せん切りにし、水にさらす)
　…適量

1. フライパンにごま油を熱し、Aを強火で炒め、香りが出たらひき肉を加え、パラパラになったらBを加えてとろりとからめる。
2. めんに加えてあえ、器に盛って長ねぎをのせる。

のっけサラダ
ピリ辛エスニック風

野菜にもごはんにも合う、万能そぼろ。最後にレモン汁を加えて味をしめ、エスニックテイストに仕上げました。春雨サラダやビーフンに加えるのもおすすめ。

合びきコチュジャン味

韓国のコチュジャン肉みそをイメージして。生の野菜につけたり、豆腐にのせたり、ごはんと一緒に葉もの野菜に巻いて食べても。もちろん、めんにかけてもいいですよ。

材料（2～3人分）　＊そぼろは作りやすい分量／3～4人分

鶏ひき肉…300g

A　にんにく（みじん切り）…3かけ
　　赤唐辛子（小口切り）…3本

B　ナンプラー…大さじ2
　　砂糖…大さじ1½

レモン汁…大さじ2

サラダ油…大さじ½

サニーレタス（ひと口大にちぎる）…6枚

紫玉ねぎ（薄切り）…¼個

香菜《シャンツァイ》（ちぎる）…適量

1 フライパンにサラダ油を熱し、Aを強火で炒め、香りが出たらひき肉を加え、パラパラになったらBを加えていりつける。

2 レモン汁を加えてひと煮し、合わせて器に盛った野菜にのせる。

材料（2～3人分）　＊そぼろは作りやすい分量／3～4人分

合びき肉…300g

長ねぎ（みじん切り）…½本

A　にんにく（すりおろす）…2かけ
　　しょうが（すりおろす）…1かけ
　　コチュジャン、白すりごま、酒…各大さじ2
　　しょうゆ…大さじ1
　　砂糖…大さじ½
　　酢…小さじ1

ごま油…大さじ½

豆もやし（熱湯でゆで、湯をきる）…1袋（200g）

1 フライパンにごま油を熱し、長ねぎを強火で炒め、香りが出たらひき肉を加え、パラパラになったらAを加えて中火で7～8分煮る。

2 器にもやしを盛り、❶をのせる。

ポイント

調味料を加えて中火で7～8分煮、ひき肉から脂が上がってきたら、でき上がりのサイン。やや汁けが残っているくらいがおいしい。

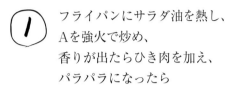

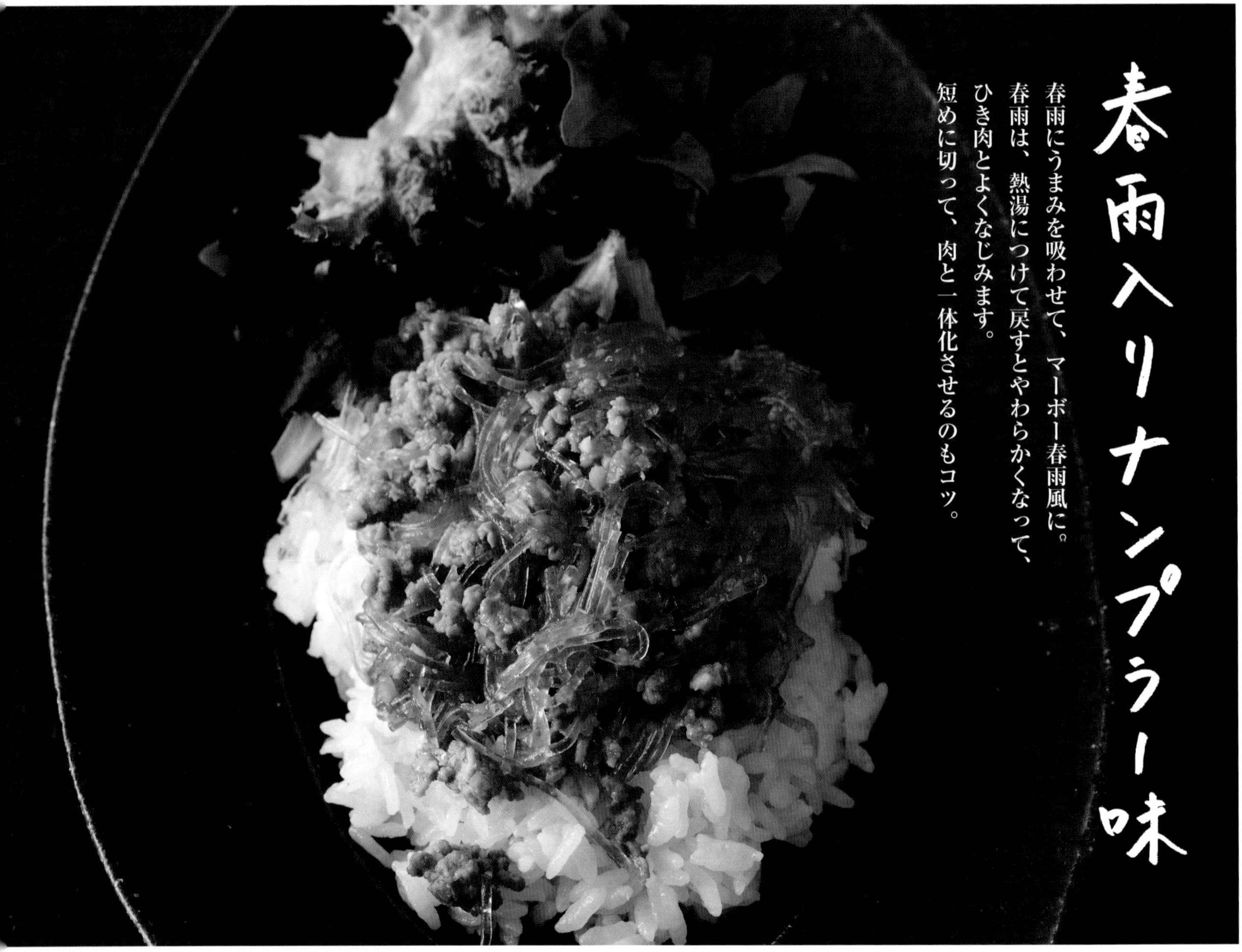

春雨入りナンプラー味

【豚ひき肉で】

春雨にうまみを吸わせて、マーボー春雨風に。
春雨は、熱湯につけて戻すとやわらかくなって、
ひき肉とよくなじみます。
短めに切って、肉と一体化させるのもコツ。

材料（2～3人分）

豚ひき肉 … 200g
A｜にんにく（みじん切り）… 2かけ
　｜しょうが（みじん切り）… 1かけ
B｜ナンプラー … 大さじ2
　｜酒 … 大さじ1
　｜オイスターソース、砂糖
　｜　… 各大さじ½
春雨（乾燥・熱湯をかけて10分
　おき、湯をきって2cm長さに切る）
　… 20g
サラダ油 … 大さじ½
ごはん … 茶碗2～3杯分
ベビーリーフ … 適量

1. フライパンにサラダ油を熱し、Aを中火で炒め、香りが出たらひき肉を加えて強火にし、パラパラになったらBを加える。
2. 春雨を加えて汁けがなくなるまでいりつけ、器に盛ったごはんにのせ、ベビーリーフを添える。

ポイント

春雨はゆでる方法もあるけれど、ここでは熱湯に10分ほどつけて戻すのがおすすめ。よりやわらかくなって、ひき肉となじむように。

れんこん入りウスターソース味

こま切れ肉を刻んで作るから、
ジューシーな肉のおいしさが詰まっています。
ウスターソースは、スパイスのかたまり。
これだけで、なんともいえない深みのある味わいに。

【豚こま切れ肉で】

材料(2〜3人分)

豚こま切れ肉(1.5cm角に刻む)
…200g
れんこん(薄いいちょう切り)
…小1節(150g)
しょうが(みじん切り)…2かけ
A | ウスターソース…大さじ3
酒…大さじ1
サラダ油…大さじ½
雑穀ごはん…茶碗2〜3杯分

1. フライパンにサラダ油を熱し、しょうが、れんこんを強火で炒め、薄く色づいたら豚肉を加え、ほぐれたらAを加えていりつける。
2. 器にごはんを盛り、❶をのせる。

ポイント

豚肉は包丁で1.5cm角くらいに刻み、ごはんにからみやすくするのがミソ。ただし、細かくしすぎないほうが、炒めた時に肉らしい香りが出てよりおいしい。

つまみそぼろ

ザーサイそぼろのもやしのせ

ひき肉にザーサイのうまみを十分に吸わせれば、あとは少しの塩だけで、味がビシリと決まります。ザーサイは大きく切って、歯ごたえを出して。すりおろしたしょうがが、ピリッと最高のアクセントに。

材料（2〜3人分）　＊そぼろは作りやすい分量／3〜4人分

鶏ひき肉…300g
味つきザーサイ（びん詰・ざく切り）
　…1びん（100g）
A｜しょうが（すりおろす）…1かけ
　｜酒…大さじ3
　｜塩…小さじ1/3
ごま油…小さじ2
もやし（熱湯でゆで、湯をきる）
　…1袋（200g）

1. フライパンにひき肉、ザーサイ、Aを入れてよく混ぜ、強火にかけてパラパラにいりつける。火を止めてごま油を加え、全体に混ぜる。
2. 器にもやしを盛り、❶をのせる。

しば漬けそぼろのレタス巻き

しば漬けの香り、食感が楽しいそぼろ。
レタスに巻いて食べれば、もう、いくらでも！
しば漬けは、炒めると色が抜けるので、
刻んで最後にものせ、見た目もおいしそうに。

材料（2～3人分） ＊そぼろは作りやすい分量／3～4人分

鶏ひき肉…300g
A
- しば漬け（みじん切り）…½カップ（60g）
- しょうが（すりおろす）…1かけ
- しょうゆ…大さじ1
- 酒…大さじ3
- みりん…小さじ1

レタス（食べやすく切る）…6枚
しば漬け（みじん切り）…適量

1. フライパンにひき肉、Aを入れてよく混ぜ、強火にかけてパラパラにいりつける。
2. 器に盛ってしば漬けをのせ、レタスを添えて包んで食べる。

ヘルシーそぼろ
高野豆腐の甘辛味

高野豆腐100パーセントで作る、肉なしそぼろです。
カロリー控えめ、食物繊維もたっぷり。
だしでやわらかく煮れば、肉のような食感に。
のり巻きの具に、酢めしに混ぜてちらしずしにも。

材料（2～3人分）　＊そぼろは作りやすい分量／3～4人分

高野豆腐…4個
A｜しょうが（みじん切り）…1かけ
　｜しょうゆ、砂糖、酒…各大さじ2
　｜だし汁…1½カップ
金いりごま（または白いりごま）
　…大さじ2
玄米ごはん…茶碗2～3杯分
絹さや（さっと塩ゆでし、
　斜め半分に切る）…適量

1. 高野豆腐は熱湯をかけて戻し、粗熱がとれたら水けを絞り、手で細かくほぐす。フライパンにAとともに入れ、中火で時々混ぜながら汁けがなくなるまで15～20分煮る。

2. 火を止めてごまを混ぜ、器に盛ったごはんにかけ、絹さやをのせる。

ポイント

高野豆腐は熱湯をかけてやわらかく戻し、粗熱がとれたら水けをぎゅっと絞り、手でポロポロにほぐす。なるべく細かくしたほうが、ひき肉にそっくりの食感に。

おからと根菜入り ピリ辛そぼろ

ひき肉とおからは、1対1にするのがコツ。
まず、ひき肉においしく味つけして、
そのうまみをおからにぎゅっと吸わせます。
豚ひきで作る場合は、酢を大さじ1に増やして。

材料（2〜3人分）　＊そぼろは作りやすい分量／3〜4人分

鶏ひき肉…150g
おから…1½カップ（150g）
いんげん（みじん切り）…10本
A　ごぼう（皮ごとみじん切り）…⅓本
　　にんじん（みじん切り）…⅓本
　　しょうが（みじん切り）…1かけ
B　豆板醤、塩…各小さじ1
　　酒、みりん…各大さじ2
　　酢…大さじ½
サラダ油…大さじ1
玄米ごはん…茶碗2〜3杯分

1. フライパンにサラダ油を熱し、ひき肉を強火で炒め、パラパラになったらAを加え、やわらかくなったらBを加えて汁けがなくなるまで炒める。
2. おから、いんげんを加えて中火でいりつけ、器に盛ったごはんにのせる。

ポイント

まずひき肉と根菜に火を通し、調味料を全体になじませて。そのあとおからを加え、うまみをぎゅっと吸わせると、おいしく仕上がる。

そぼろ弁当

青のり入りだし巻き卵

青のりのほのかな香りが美味。
だし巻き卵は、塩の入れすぎに注意して。
少量でもしっかりきいてきます。

いんげんナムル

わが家のお弁当の定番おかず・ナムル。
塩とごま油だけのシンプルさが、
箸休めにぴったりです。

たくあんのおかかあえ

歯ごたえも楽しい、お弁当の名脇役。
たくあんの塩けが強い場合は、
水につけて塩抜きしてください。

ゆずこしょう味そぼろごはん

ゆずこしょうのさわやかな香り、
ほんのりとした辛みで、ごはんがすすみます。
少しのしょうゆがミソで、これでぐっとおいしく。

ゆずこしょう味そぼろごはん

材料（2人分）　＊そぼろは作りやすい分量／3～4人分

鶏ひき肉…300g

A｜しょうが（すりおろす）…1かけ
　｜酒…大さじ3

B｜ゆずこしょう、みりん…各大さじ1
　｜しょうゆ…小さじ1

ごはん…適量

1. フライパンにひき肉、Aを入れて
よく混ぜ、強火にかけて
パラパラになったら混ぜたBを加え、
汁けがなくなるまでいりつける。
お弁当箱に詰めたごはんにのせる。

青のり入りだし巻き卵

材料（2人分）

卵…2個

A｜だし汁…大さじ2
　｜塩…ふたつまみ
　｜青のり…小さじ1

サラダ油…小さじ½

1. ボウルにAを入れて混ぜ、
卵を割り入れてよく混ぜる。

2. 卵焼き器にサラダ油を熱し、
キッチンペーパーで塗り広げ、
❶の⅓量を流して強めの中火で焼き、
表面が乾いたら手前に巻く。

3. 卵焼きを向こう側に寄せ、
あいたところにペーパーの油を塗り、
残りの❶の半量を流して同様に焼く。
これをもう1回くり返し、
食べやすく切って詰める。

いんげんナムル

材料（2人分）

いんげん（5mm幅の斜め切り）…10本

A｜ごま油…小さじ1
　｜塩…ふたつまみ

白いりごま…少々

1. いんげんは塩少々（分量外）を加えた
熱湯でゆで、湯をきり、
Aを加えてあえ、白ごまをふる。

たくあんのおかかあえ

材料（2人分）

たくあん（せん切り）…5cm

削り節…大さじ1

1. 材料をよく混ぜる。

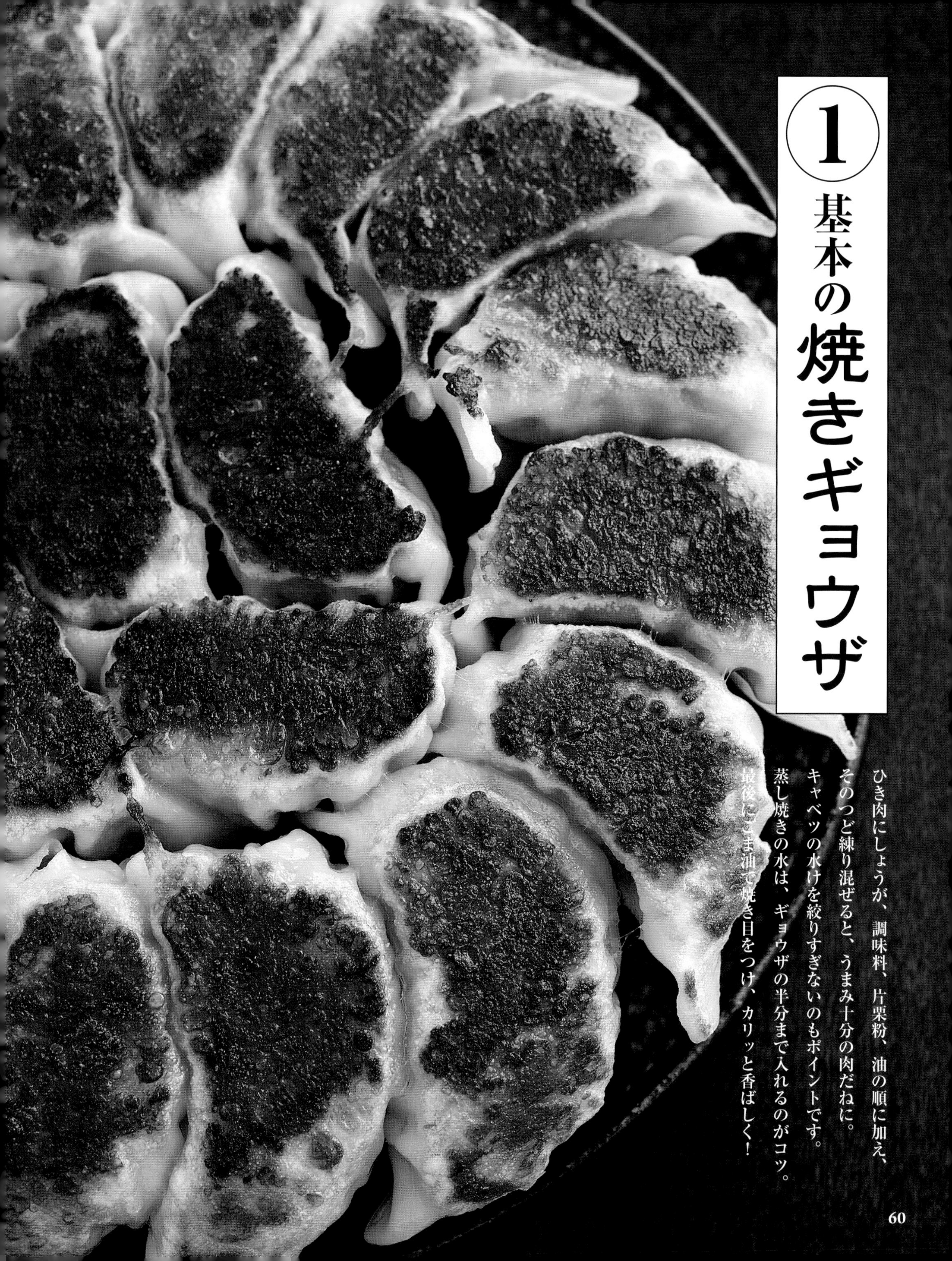

① 基本の焼きギョウザ

ひき肉にしょうが、調味料、片栗粉、油の順に加え、
そのつど練り混ぜると、うまみ十分の肉だねに。
キャベツの水けを絞りすぎないのもポイントです。
蒸し焼きの水は、ギョウザの半分まで入れるのがコツ。
最後にごま油で焼き目をつけ、カリッと香ばしく！

●材料（4人分）

ギョウザの皮…大20枚
豚ひき肉…200g
キャベツ…4枚
A｜しょうが（すりおろす）…1かけ
　｜酒、しょうゆ…各大さじ½
　｜片栗粉…大さじ1
　｜サラダ油、ごま油…各大さじ½
塩…小さじ½
サラダ油…大さじ½
ごま油…小さじ1

1 たねを作る

キャベツはみじん切りにして塩をまぶし、しんなりしたら水けを絞る。ボウルにひき肉を入れ、Aを順に加えてそのつど手で練り混ぜる。キャベツを加え、さらに練り混ぜる。

＊最初は手でつかむように、Aがすべて入ったら、ぐるぐる混ぜて

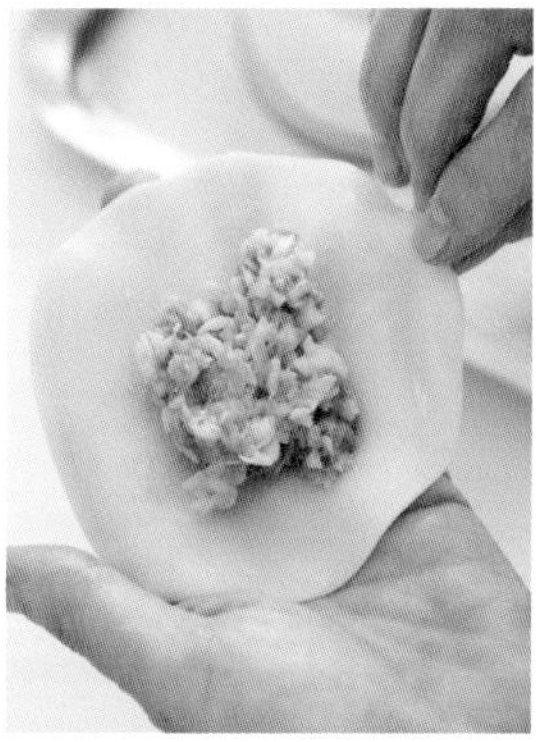

2 包む

たねを4等分に分け、そこから各5個ずつ作る。皮のふちにぐるっと1周水をつけ、まん中にたねをのせる。

＊皮は、厚みのあるものがおすすめ

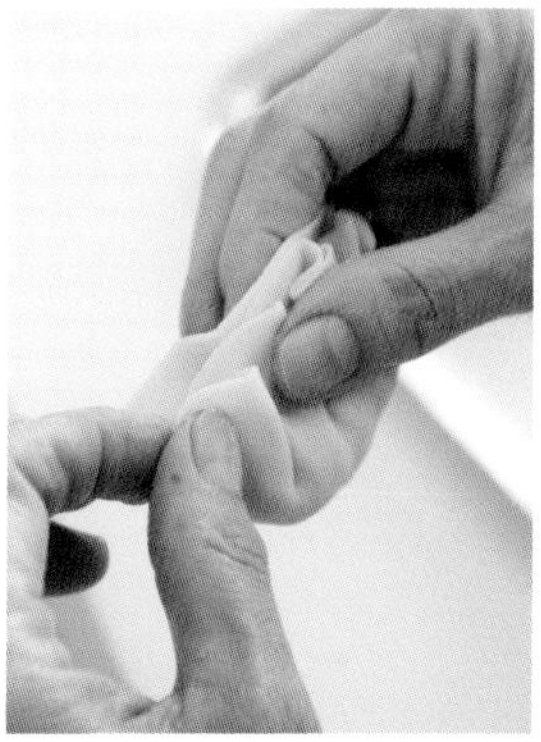

半分に折ってまずまん中をとめ、左右からまん中に向かって3つずつひだを寄せて包む。

＊空気を抜くように包むと、皮とたねが密着しておいしくなる

3 焼く

フライパンにサラダ油を入れ、ギョウザを並べてから強めの中火にかけ、うっすら焼き色をつける。

＊フライパンは、フッ素樹脂加工のものがおすすめ

水1カップを鍋肌から注ぎ、強火にして煮立ったらふたをし、強めの中火で7〜8分蒸し焼きにする。

＊水の量は、ギョウザが半分浸るくらいが目安

水分がほぼなくなり、泡がブクブクしているくらいで、ごま油を回し入れる。強めの中火で水分をとばしながら、こんがり焼き色をつける。皿をかぶせ、ひっくり返して盛る。

＊油が手にかからないように注意

冷凍保存のしかた

ギョウザは生のままラップを敷いたバットに並べ、冷凍室で3〜4時間凍らせてから、ファスナー式の保存袋に入れる（これでギョウザがくっつかない）。焼く時は凍ったまま、焼き方は同じ（煮立つまで少し時間がかかる）。日持ちは約1か月。

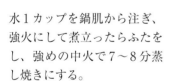

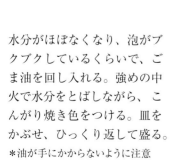

基本の羽根つき棒ギョウザ

くるりと巻くだけのカンタン棒ギョウザは、
にらとにんにくを加えて、スタミナたっぷりに。
羽根は、小麦粉と片栗粉を1対1で混ぜると、
気泡ができて、網目のような仕上がりになります。
このカリカリ食感がたまりません！

冷凍保存のしかた

ギョウザは生のままラップを敷いたバットに並べ、冷凍室で３～４時間凍らせてから、ファスナー式の保存袋に入れる（これでギョウザがくっつかない）。焼く時は凍ったまま、焼き方は同じ（煮立つまで少し時間がかかる）。日持ちは約１か月。

＊冷凍する時は、にらとにんにくはにおいが出るので除くのがおすすめ

●材料（4人分）

ギョウザの皮 … 大20枚
豚ひき肉 … 200g
キャベツ … 3枚
にら（2～3mm幅の小口切り）… ½束
A　しょうが（すりおろす）… 1かけ
　　にんにく（すりおろす）… ½かけ
　　酒、しょうゆ … 各大さじ½
　　片栗粉 … 大さじ1
　　サラダ油、ごま油 … 各大さじ½
塩 … 小さじ⅓
B　小麦粉、片栗粉 … 各小さじ1
　　水 … 1カップ
サラダ油 … 大さじ½
ごま油 … 小さじ1

1 たねを作る

キャベツはみじん切りにして塩をまぶし、しんなりしたら水けを絞る。ボウルにひき肉を入れ、Aを順に加えてそのつど手で練り混ぜる。キャベツ、にらを加え、練り混ぜる。

＊最初は手でつかむように、Aがすべて入ったら、ぐるぐる混ぜて

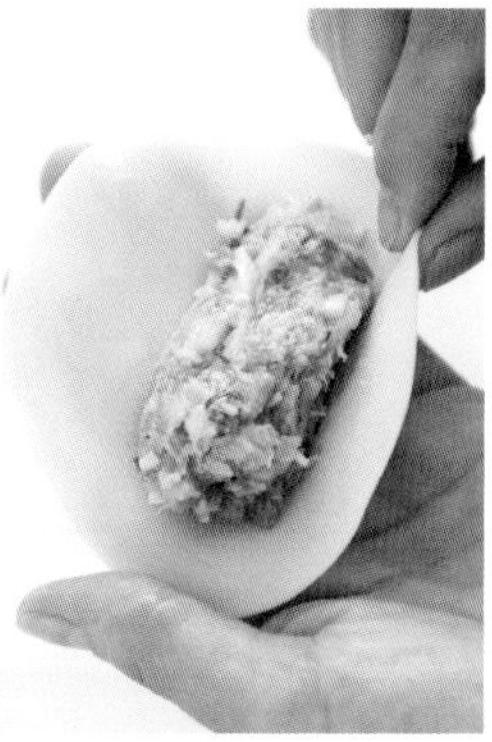

2 包む

たねを4等分に分け、そこから各5個ずつ作る。皮のまん中にたねを横長にのせる。

＊皮は、厚みのあるものがおすすめ

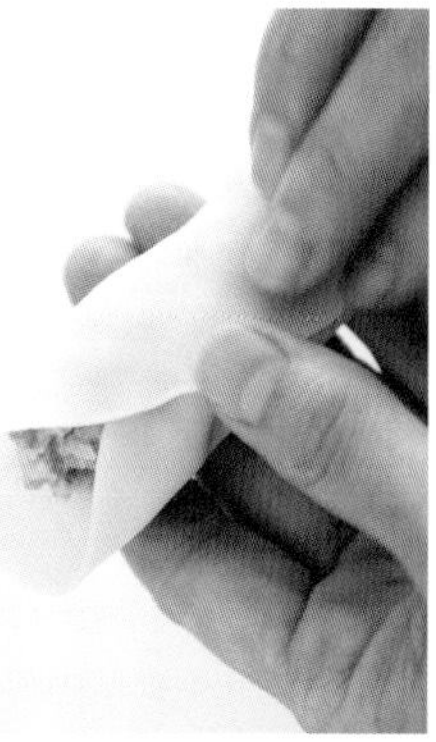

皮の上下をたたみ、重なる部分に水をつけ、しっかりくっつけてとめる。

3 焼く

フライパンにサラダ油を入れ、ギョウザのとじ目を上にして並べてから強めの中火にかけ、うっすら焼き色をつける。

＊フライパンは、フッ素樹脂加工のものがおすすめ

混ぜたBを鍋肌から注ぎ、強火にして煮立ったらふたをし、強めの中火で7～8分蒸し焼きにする。

＊水の量は、ギョウザが半分浸るくらいが目安。2回に分けて焼く時は、B、サラダ油、ごま油は倍量用意を

ふたをとって水分をとばし、ピチピチしてきたらごま油を回し入れる。強めの中火で水分をとばしながら、こんがり焼き色をつける。

＊ごま油は、まん中にもかけて。羽根が自然にはがれてきたら、焼き上がりのサイン

たねアレンジ

基本のたねに、具材や調味料をちょこっと加えるだけ。
新しい食感や風味が生まれ、いつもの味がさらにおいしく！

にら＋みそ

たっぷりのにらで、パンチとスタミナを。
みそで香ばしさをプラスします。

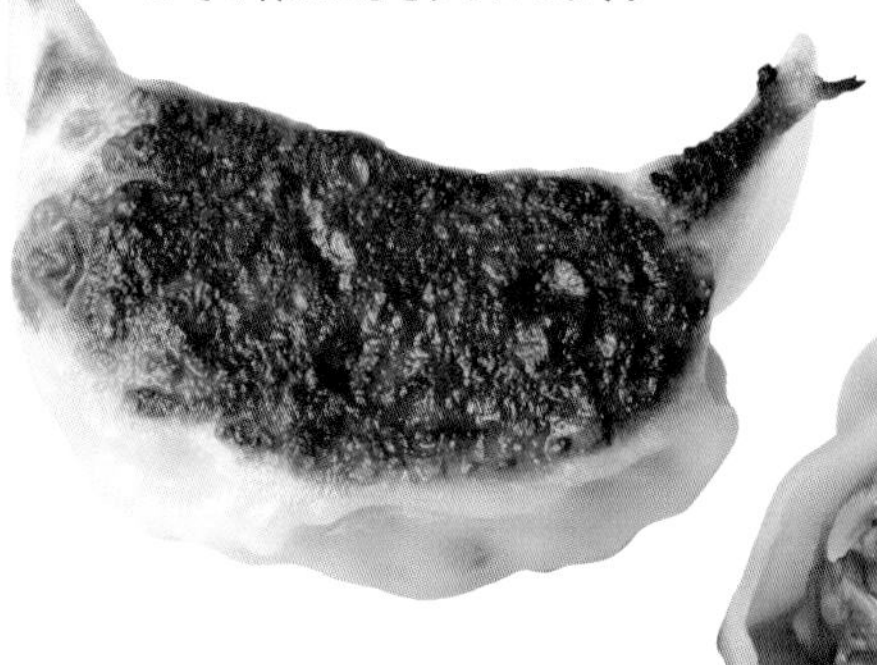

●材料（4人分）

ギョウザの皮…大20枚
豚ひき肉…200g
キャベツ（みじん切り）…3枚
にら（2～3mm幅の小口切り）…½束
A｜しょうが（すりおろす）…1かけ
｜酒…大さじ½
｜みそ、片栗粉…各大さじ1
｜サラダ油、ごま油…各大さじ½
塩…小さじ⅓

＊作り方は、基本の焼きギョウザ（p61）と同じ。ひき肉にAを順に混ぜたら、キャベツ、にらを加える

にんにく＋ナンプラー

にんにくがふわりと香る、がっつり系。
ナンプラーに砂糖を加えて、エスニック風に。

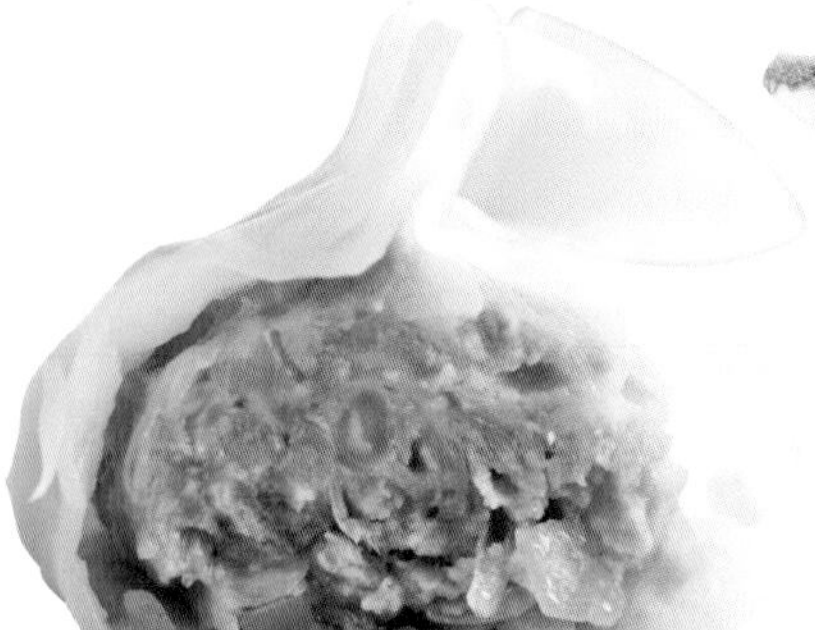
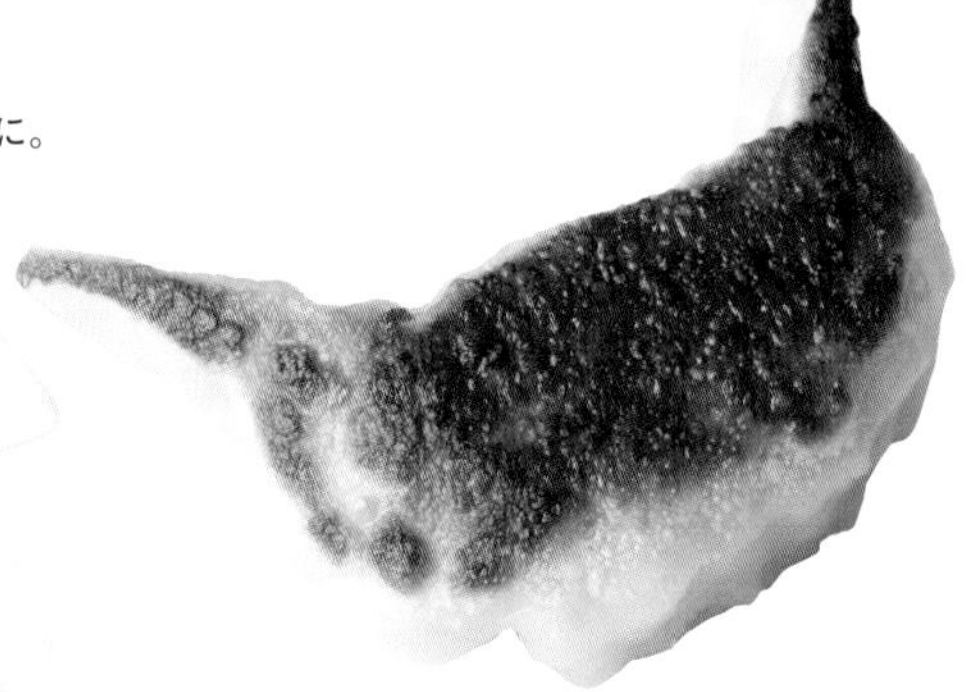

●材料（4人分）

ギョウザの皮…大20枚
豚ひき肉…200g
キャベツ（みじん切り）…4枚
A｜にんにく（みじん切り）
｜　…1かけ
｜酒、ナンプラー
｜　…各大さじ½
｜砂糖…小さじ1
｜片栗粉、サラダ油
｜　…各大さじ1
塩…小さじ½

＊作り方は、基本の焼きギョウザ（p61）と同じ

えび＋れんこん

れんこんは、半分をすってもっちり、
残りは刻んで、食感を出すのがコツ。

●材料（4人分）

ギョウザの皮…大20枚
豚ひき肉…50g
むきえび（背ワタを除き、粗く刻む）
　…150g
れんこん（半分はすりおろして
　水けをきり、残りは1cm角に刻む）
　…1節（200g）
A｜しょうが（すりおろす）…1かけ
｜酒、しょうゆ、片栗粉、
｜　サラダ油、ごま油…各大さじ½

＊作り方は、基本の羽根つき棒ギョウザ（p63）と同じ。ひき肉とえびを合わせ、Aを順に混ぜたら、れんこんを加える

つけだれいろいろ

いつもの酢じょうゆではなく、酢をベースにするのがミソ。
あと味さっぱりで、ギョウザがいくらでも食べられます！

酢＋コチュジャン

コチュジャンの甘み、ピリリとした辛さが、
すっきりとした酢の酸味に合います。

●材料（2人分）

酢 … 大さじ1
コチュジャン … 小さじ1

酢＋一味

シンプルに酢のみで、あっさりと。
それを一味がピリッと引きしめます。

●材料（2人分）

酢 … 大さじ1
一味唐辛子 … ふたつまみ

黒酢＋黒こしょう

黒酢の甘みと黒こしょうが、相性ぴったり。
黒酢だけでも十分においしいです。

●材料（2人分）

黒酢 … 大さじ1
粗びき黒こしょう … ふたつまみ

酢＋ゆずこしょう

ゆずこしょうのツンとくる辛さと香りで、
ついついあとをひく味わいです。

●材料（2人分）

酢 … 大さじ1
ゆずこしょう … 小さじ$\frac{1}{3}$

がっつりギョウザ

脂がのった豚バラ肉で、こっくりと。
にんにくやチーズで、ボリューム満点！

1. 豚バラにんにく

ギョウザ

豚バラ肉は粘りが出るまでたたくことで、肉汁たっぷり、ぐっとジューシーな仕上がりに。にんにくは刻まずにすりおろすと、たね全体に香りがしっかりなじみます。ガーリックのパンチがきいたひと皿です。

●材料（4人分）

ギョウザの皮…24枚
豚バラ薄切り肉（粘りが出るまでたたく）…8枚（200g）
キャベツ（みじん切りにして塩小さじ½をまぶし、しんなりしたら水けを絞る）…4枚
A｜にんにく（すりおろす）…1かけ
　｜酒、しょうゆ…各大さじ½
　｜片栗粉…大さじ1
　｜サラダ油、ごま油…各大さじ½
サラダ油…大さじ½
ごま油…小さじ1

① ボウルに豚肉を入れ、Aを順に加えて手で練り混ぜる。キャベツを加えて練り混ぜ、ギョウザの皮で包む（包み方⇒p61と同じ）。

② フライパンにサラダ油、❶を入れて強めの中火にかけ、焼き色がついたら水1カップを注ぎ、ふたをして7～8分蒸し焼きにする。ごま油を回し入れ、焼き色をつける。

2.豚バラ、キムチ、チーズ

ギョウザ

キムチの辛さとうまみが主役で、調味料はなし。
これに、チーズのコクがよく合います。
切ったチーズは、たねの最後にのせて包んで。
焼き上がっても溶けてしまわないよう、
プロセスチーズがおすすめです。

●材料（4人分）

ギョウザの皮 … 大20枚
豚バラ薄切り肉（粘りが出るまでたたく）
　… 8枚（200g）
キャベツ（みじん切りにして塩小さじ$\frac{1}{4}$を
　まぶし、しんなりしたら水けを絞る）… 2枚
白菜キムチ（みじん切り）… $\frac{3}{4}$カップ（100g）
プロセスチーズ（20等分の角切り）… 60g
A｜片栗粉 … 大さじ1
　｜サラダ油、ごま油 … 各大さじ$\frac{1}{2}$
サラダ油 … 大さじ$\frac{1}{2}$
ごま油 … 小さじ1

① ボウルに豚肉、キムチを入れ、Aを順に加えて手で練り混ぜる。キャベツを加えて練り混ぜ、チーズをのせてギョウザの皮で包む（包み方⇒p61と同じ）。

② フライパンにサラダ油、❶を入れて強めの中火にかけ、焼き色がついたら水1カップを注ぎ、ふたをして7〜8分蒸し焼きにする。ごま油を回し入れ、焼き色をつける。

がっつりギョウザ

3. 鶏ひき、みそ、七味ギョウザ

相性抜群の鶏ひき肉とみそには、キャベツを使わず、たっぷりの長ねぎで香りを立たせます。七味唐辛子のピリッとした辛みがアクセントに。

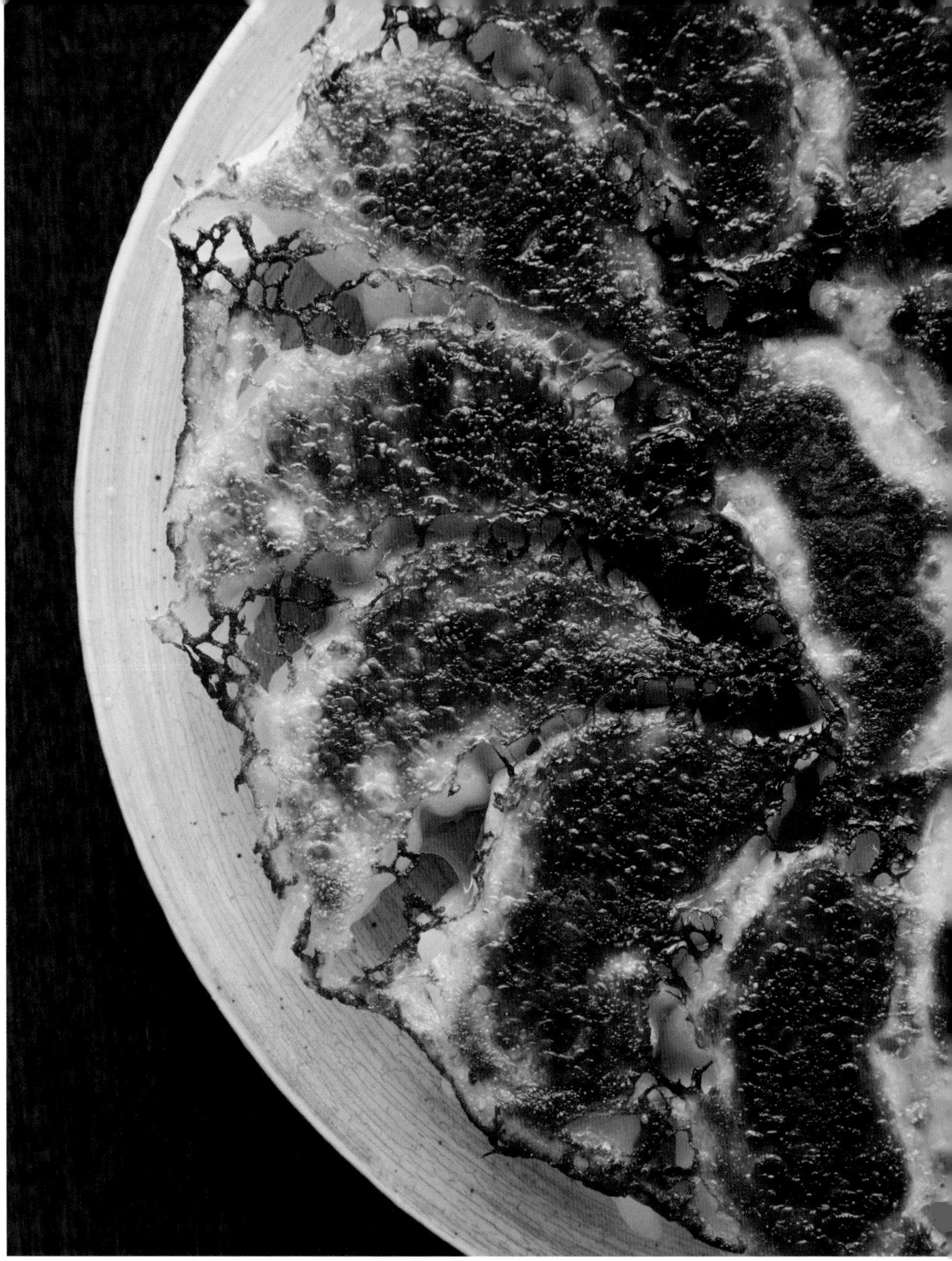

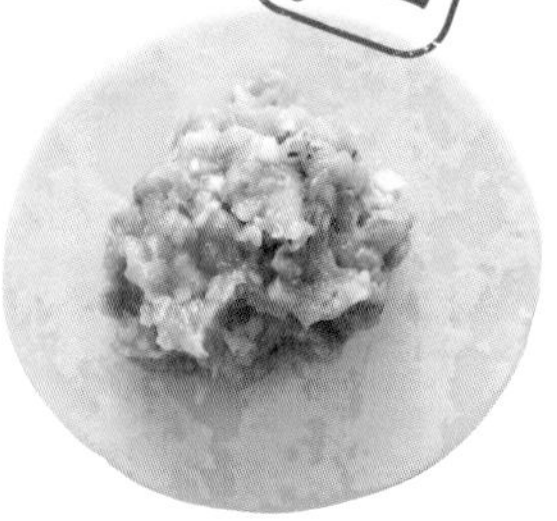

●材料（4人分）

ギョウザの皮…24枚
鶏ひき肉…300g
長ねぎ（みじん切り）…$\frac{1}{2}$本
A
- しょうが（すりおろす）…1かけ
- 酒…大さじ$\frac{1}{2}$
- みそ、片栗粉…各大さじ1
- サラダ油、ごま油…各大さじ$\frac{1}{2}$

七味唐辛子…小さじ$\frac{1}{2}$
B
- 小麦粉、片栗粉…各小さじ1
- 水…1カップ

サラダ油…大さじ$\frac{1}{2}$
ごま油…小さじ1

① ボウルにひき肉を入れ、Aを順に加えて手で練り混ぜる。長ねぎ、七味を加えて練り混ぜ、ギョウザの皮で包む（包み方⇒p61と同じ）。

② フライパンにサラダ油、❶を入れて強めの中火にかけ、焼き色がついたら混ぜたBを注ぎ、ふたをして7〜8分蒸し焼きにする。ごま油を回し入れ、焼き色をつける。

4. ラムとクミンギョウザ

ラムに合うクミンと香菜《シャンツァイ》を加えて、エスニック風に。
ラム肉は、少し厚みのある焼き肉用がおすすめ。
牛肉や豚肉で作ってもおいしいですよ。

●材料（4人分）

ギョウザの皮…24枚
ラム肉（焼き肉用・粘りが出るまでたたく）…7枚（200g）
キャベツ（みじん切りにして塩小さじ¼をまぶし、しんなりしたら水けを絞る）…2枚
A
- 香菜《シャンツァイ》（みじん切り）…1株
- 酒…大さじ½
- 塩…小さじ⅓
- クミンパウダー…小さじ½
- クミンシード（あれば）…小さじ1
- 片栗粉…大さじ1
- サラダ油…大さじ½

サラダ油…大さじ½
ごま油…小さじ1

① ボウルにラム肉を入れ、Aを順に加えて手で練り混ぜる。キャベツを加えて練り混ぜ、ギョウザの皮で包む（包み方⇒p63と同じ）。

② フライパンにサラダ油、❶のとじ目を上にして入れて強めの中火にかけ、焼き色がついたら水1カップを注ぎ、ふたをして7～8分蒸し焼きにする。ごま油を回し入れ、焼き色をつける。

クミンシード（写真上）とクミンパウダーは、カレーの香りのもととなるスパイス。塩もみキャベツ、キャベツサラダにふっても美味。

ヘルシーギョウザ

鶏ひきや切り干し大根、おからを使って。
あっさりしつつも、食べごたえは十分。

1. 鶏ひきしいたけ

ギョウザ

しいたけから出る水分のおかげで、たねはしっとりやわらか、ジューシーに。かさ増しできて、カロリー控えめもうれしい。えのきやエリンギで作ってもいけます。

●材料（4人分）

ギョウザの皮…24枚
鶏ひき肉…200g
生しいたけ（みじん切り）…6枚
A　しょうが（すりおろす）…1かけ
　　酒、しょうゆ…各大さじ½
　　片栗粉…小さじ2
　　ごま油…小さじ1
サラダ油…大さじ½
ごま油…小さじ1

ギョウザの皮のふちにぐるっと１周水をつけ、まん中にたねをのせたら、上下を合わせてまん中でとめ、左右も合わせて皮どうしをしっかりくっつける。

① ボウルにひき肉を入れ、Aを順に加えて手で練り混ぜる。しいたけを加えて練り混ぜ、ギョウザの皮で包む。

② フライパンにサラダ油、❶のとじ目を上にして入れて強めの中火にかけ、焼き色がついたら水１カップを注ぎ、ふたをして７～８分蒸し焼きにする。ごま油を回し入れ、焼き色をつける。

2. 切り干し大根とゆずこしょう

切り干し大根は、水でほどよく戻すのがコツ。
そのうまみと歯ごたえが、くせになる味わいです。
ゆずこしょうの香りが際立つひと皿です。

●材料（4人分）

ギョウザの皮…24枚
豚ひき肉…200g
切り干し大根（乾燥・もみ洗いし、ひたひたの水に15分つけて戻し、水けを絞ってみじん切り）…10g
A｜酒…大さじ1
｜ゆずこしょう、しょうゆ…各小さじ1
｜片栗粉…大さじ1
｜サラダ油…大さじ½
サラダ油…大さじ½
ごま油…小さじ1

① ボウルにひき肉を入れ、Aを順に加えて手で練り混ぜる。切り干し大根を加えて練り混ぜ、ギョウザの皮で包む。

② フライパンにサラダ油、❶を入れて強めの中火にかけ、焼き色がついたら水1カップを注ぎ、ふたをして7〜8分蒸し焼きにする。ごま油を回し入れ、焼き色をつける。

ギョウザの皮のふちにぐるっと1周水をつけ、まん中にたねをのせたら、パタンと二つ折りにしてくっつける。

●材料（4人分）

ギョウザの皮…24枚
豚ひき肉…200g
もやし…½袋（100g）
味つきメンマ（びん詰・細かくさく）
…½びん（50g）
A
- 酒…大さじ1
- しょうゆ…小さじ1
- 塩…小さじ¼
- 粗びき黒こしょう…小さじ½
- 片栗粉…大さじ1
- ごま油…小さじ1

サラダ油…大さじ½
ごま油…小さじ1

① ボウルにひき肉を入れ、Aを順に加えて手で練り混ぜる。もやし、メンマを加えて練り混ぜ、ギョウザの皮で包む。

② フライパンにサラダ油、❶のとじ目を上にして入れて強めの中火にかけ、焼き色がついたら水1カップを注ぎ、ふたをして7～8分蒸し焼きにする。ごま油を回し入れ、焼き色をつける。

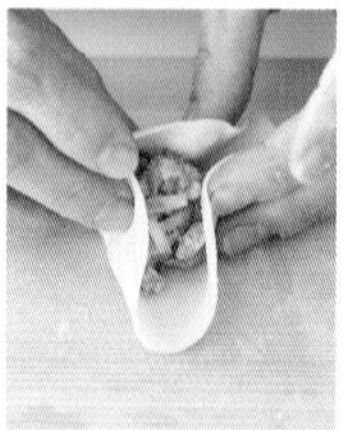

ギョウザの皮のふちにぐるっと1周水をつけ、まん中にたねをのせたら、3方向から皮を寄せ、まん中でしっかりくっつけてとめる。

3. もやしとメンマ ギョウザ

もやしとメンマは刻まずに加えて、シャキシャキした食感を楽しみます。メンマと相性のいい黒こしょうが、ピリリと隠し味に。

4. 鶏ひき、おから、青じそギョウザ

肉とおからは2対1にするのがコツで、まるで肉100%のようなジューシーさに。青じそは、みじん切りをたねに混ぜつつ、皮にも½枚のせて、香りを楽しみます。

●材料（4人分）

ギョウザの皮…大20枚
鶏ひき肉…200g
おから…1カップ（100g）
青じそ（縦半分に切る）…10枚
A しょうが（みじん切り）…1かけ
　酒…大さじ1
　しょうゆ…小さじ1
　塩…小さじ⅓
　青じそ（みじん切り）…10枚
　片栗粉…大さじ1
　サラダ油、ごま油…各小さじ1
サラダ油…大さじ½
ごま油…小さじ1

① ボウルにひき肉を入れ、Aを順に加えて手で練り混ぜる。おからを加えて練り混ぜ、青じそとともにギョウザの皮で包む。

② フライパンにサラダ油、❶のとじ目を上にして入れて強めの中火にかけ、焼き色がついたら水1カップを注ぎ、ふたをして7〜8分蒸し焼きにする。ごま油を回し入れ、焼き色をつける。

ギョウザの皮に青じそ1/2枚、たねの順にのせて棒状に巻き、重なる部分に水をつけてしっかりとめる。

つまみギョウザ

そのまま食べてもおいしい、しっかり味。
ビールも焼酎も、ぐいっとすすみます！

1. ザーサイ入りギョウザ

ザーサイのうまみ、長ねぎの香ばしさが、
ぎゅっと詰まったお酒のすすむ味わい。
こしょうは、ザーサイの風味を引き立てる役割を。
長ねぎのかわりに、キャベツで作ってもおいしい。

●材料（4人分）

ギョウザの皮…24枚
豚ひき肉…250g
味つきザーサイ（びん詰・みじん切り）
…½びん（50g）
長ねぎ（みじん切り）…½本
A｜しょうが（すりおろす）…1かけ
　｜酒…大さじ1
　｜しょうゆ…小さじ1
　｜片栗粉…大さじ1
　｜サラダ油、ごま油…各大さじ½
　｜こしょう…少々
サラダ油…大さじ½
ごま油…小さじ1

① ボウルにひき肉を入れ、Aを順に加えて手で練り混ぜる。ザーサイ、長ねぎを加えて練り混ぜ、ギョウザの皮で包む（包み方⇒p61と同じ）。

② フライパンにサラダ油、❶を入れて強めの中火にかけ、焼き色がついたら水1カップを注ぎ、ふたをして7～8分蒸し焼きにする。ごま油を回し入れ、焼き色をつける。

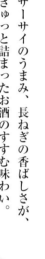

2. セロリとナンプラー ギョウザ

ナンプラーの塩けに、豆板醤とにんにくを加えた、
パンチのあるエスニック風味のギョウザです。
セロリは、塩でしんなりさせたあとさっとゆでると、
さらにくせがマイルドに。かわりにキャベツで作っても。

●材料（4人分）

ギョウザの皮 … 大20枚
豚ひき肉 … 200g
セロリ（みじん切りにして塩小さじ$\frac{1}{2}$をまぶし、しんなりしたら水けを絞る）… 大1本
A | にんにく（みじん切り）… 1かけ
  | ナンプラー … 小さじ2
  | 砂糖、豆板醤 … 各小さじ$\frac{1}{2}$
  | 片栗粉、サラダ油 … 各大さじ1
B | 小麦粉、片栗粉 … 各小さじ1
  | 水 … 1カップ
サラダ油 … 大さじ$\frac{1}{2}$
ごま油 … 小さじ1

1. ボウルにひき肉を入れ、Aを順に加えて手で練り混ぜる。セロリを加えて練り混ぜ、ギョウザの皮で包む（包み方⇒ p63と同じ）。

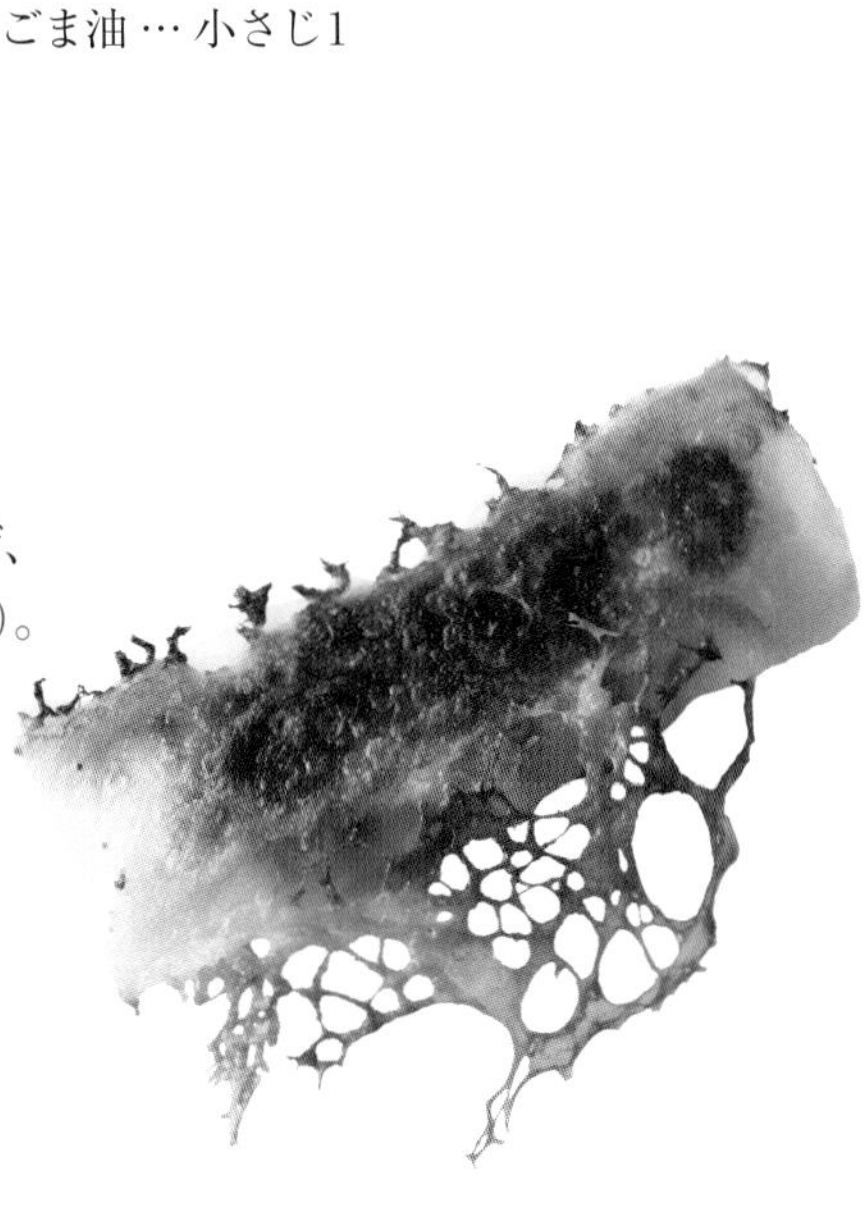

2. フライパンにサラダ油、❶のとじ目を上にして入れて強めの中火にかけ、焼き色がついたら混ぜたBを注ぎ、ふたをして7～8分蒸し焼きにする。ごま油を回し入れ、焼き色をつける。

3. 野沢菜入りギョウザ

野沢菜のシャキッとした食感、うまみが詰まった、まんまるでかわいい、おやき風のギョウザです。みそと砂糖の甘辛い香ばしさが口の中に広がり、つけだれなしでも十分においしい。

●材料（4人分）

ギョウザの皮…24枚
豚ひき肉…150g
野沢菜漬け（みじん切り）
…¾カップ（100g）
A｜酒…大さじ½
｜みそ、砂糖…各小さじ1
｜片栗粉…大さじ1
｜サラダ油、ごま油
｜…各大さじ½
サラダ油…大さじ½
ごま油…小さじ1

① ボウルにひき肉を入れ、Aを順に加えて手で練り混ぜる。野沢菜を加えて練り混ぜ、ギョウザの皮で包む。

② フライパンにサラダ油、❶のとじ目を下にして入れて強めの中火にかけ、焼き色がついたら水1カップを注ぎ、ふたをして7～8分蒸し焼きにする。ごま油を回し入れ、焼き色をつける。

ギョウザの皮のふちにぐるっと1周水をつけ、たねをのせたら、まん中にひだを寄せながら1周折りたたみ、ぎゅっとくっつける。包み終わったら裏返し、とじ目をなじませる。

4. 合びきと香菜《シャンツァイ》

ギョウザ

具が少なめのひと口サイズのギョウザは、
2回折りたたむだけと、包むのもカンタン。
玉ねぎの甘み、香菜の香りがくせになり、
もう、いくつでも食べられます！

●材料（4人分）

ギョウザの皮…24枚
合びき肉…100g
玉ねぎ（みじん切り）…1/8個
香菜《シャンツァイ》（みじん切り）…1株
A｜酒…小さじ1
　｜塩、粗びき黒こしょう
　｜　…各小さじ1/4
　｜片栗粉、サラダ油
　｜　…各大さじ1/2
サラダ油…大さじ1/2
ごま油…小さじ1

① ボウルにひき肉を入れ、Aを順に加えて手で練り混ぜる。玉ねぎ、香菜を加えて練り混ぜ、ギョウザの皮で包む。

② フライパンにサラダ油、❶を入れて強めの中火にかけ、焼き色がついたら水1カップを注ぎ、ふたをして7〜8分蒸し焼きにする。ごま油を回し入れ、焼き色をつける。

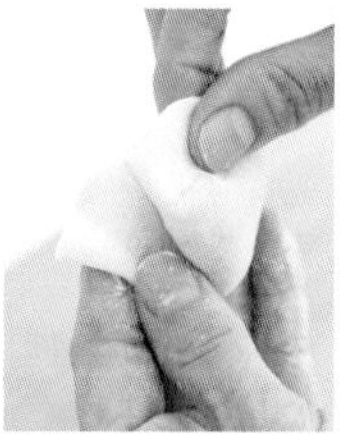

ギョウザの皮のふちにぐるっと1周水をつけ、下半分の片側にたねをのせたら、まず半分に折り、少しずらしてさらに半分に折る。重なる部分に水をつけ、くっつけてとめる。

基本の手作り皮の水ギョウザ

もっちり、つるんとした皮のおいしさ、
あっさりと軽い食べごこちがたまらない、水ギョウザ。
皮を手作りすれば、格別な味わいになります。
同量の薄力粉と強力粉を軽くこね、休ませるだけで、
お店で食べるようなむちむちの皮が作れますよ。

冷凍保存のしかた

ギョウザは生のままラップを敷いたバットに並べ、冷凍室で３～４時間凍らせてから、ファスナー式の保存袋に入れる（これでギョウザがくっつかない）。ゆでる時は凍ったまま、ゆで方は同じ（沸騰するまで少し時間がかかる）。日持ちは約１か月。

●材料（4人分）

【皮／30枚分】
薄力粉…100g
強力粉（なければ薄力粉）…100g
A
- 塩…小さじ$\frac{1}{4}$
- 水…$\frac{1}{2}$カップ

打ち粉（薄力粉）…適量

【たね】
豚ひき肉…200g
キャベツ（みじん切りにして塩小さじ$\frac{1}{2}$をまぶし、しんなりしたら水けを絞る）…4枚
B
- しょうが（みじん切り）…1かけ
- 長ねぎ（みじん切り）…$\frac{1}{2}$本
- 酒、しょうゆ、片栗粉…各大さじ1
- サラダ油、ごま油…各大さじ$\frac{1}{2}$

1 皮を作る

ボウルに粉を入れて菜箸で混ぜながら、混ぜたAを少しずつ加える。まとまってきたら、手で半分に折っては手のひらでぎゅっと押してこねるのをくり返す。

＊耳たぶくらいのかたさになるのが目安

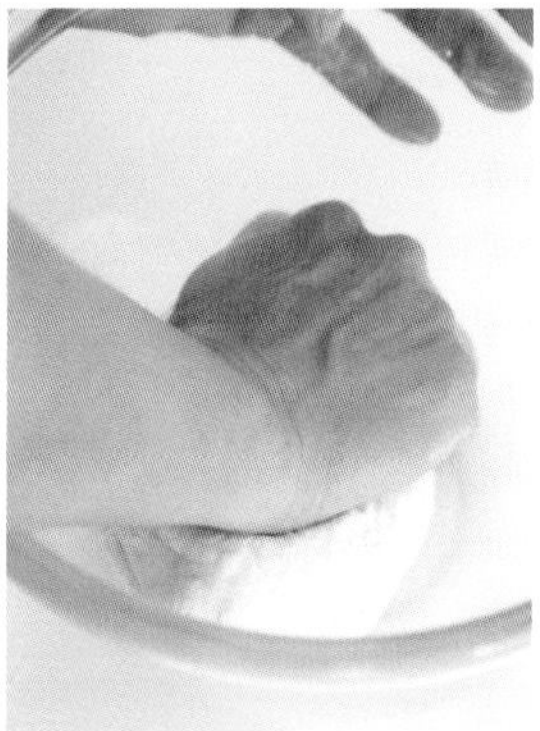

かたく絞ったぬれぶきんをかぶせ、30分休ませる。

＊ぬれぶきんをかぶせるのは、乾燥を防ぐため。生地を休ませると、あとでのばしやすくなる

打ち粉をふった台に生地をのせ、3等分して棒状にのばし、包丁でそれぞれ10等分する。

断面を上にして手で軽くつぶし、めん棒で直径6cmに丸くのばす。

＊厚いとゆで上がりがかたくなるので、薄めに。できれば、まん中はやや厚め、ふちを薄めに

2 たねを作って包む

ボウルにひき肉を入れ、Bを順に加えてそのつど手で練り混ぜる。キャベツを加えてさらに練り混ぜ、皮のまん中に等分してのせ、半分に折ってふちをくっつける（水はつけなくていい）。

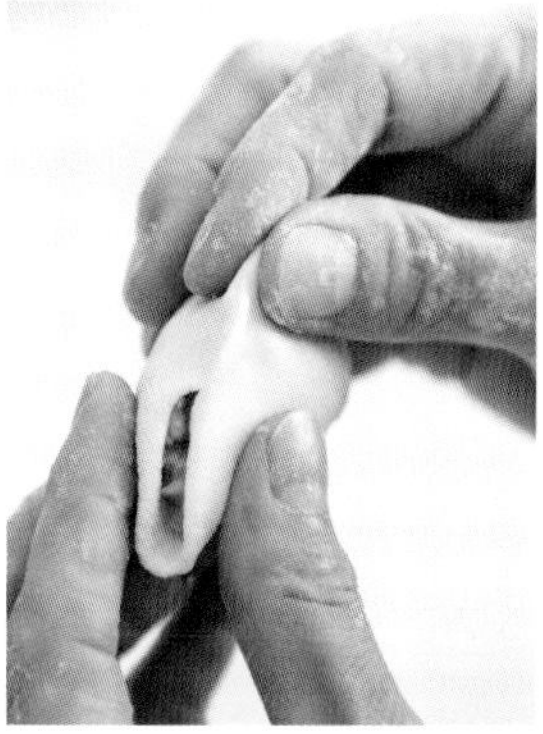

3 ゆでる

たっぷりの熱湯に半量ずつ入れ、再び沸騰したら中火で4～5分ゆでる。器に盛り、ゆで汁をお玉1杯分かける。

＊熱湯2ℓで15個ずつ、2回に分けてゆでる

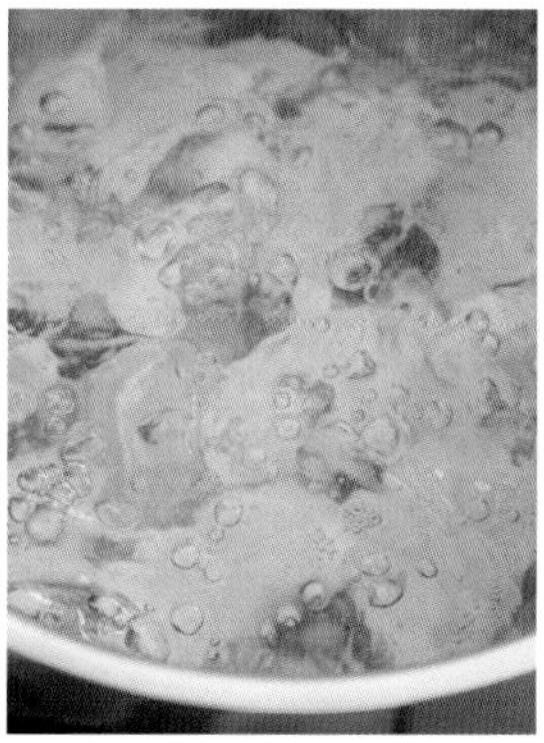

たねアレンジ

高菜や春雨、えびなど、食感も楽しめるものが勢ぞろい。
市販の皮なら、水ギョウザ用を使うのがおすすめです。

鶏ひき＋高菜

パリパリした高菜の食感、うまみが絶妙。
鶏ひき肉で、あっさりと仕上げます。

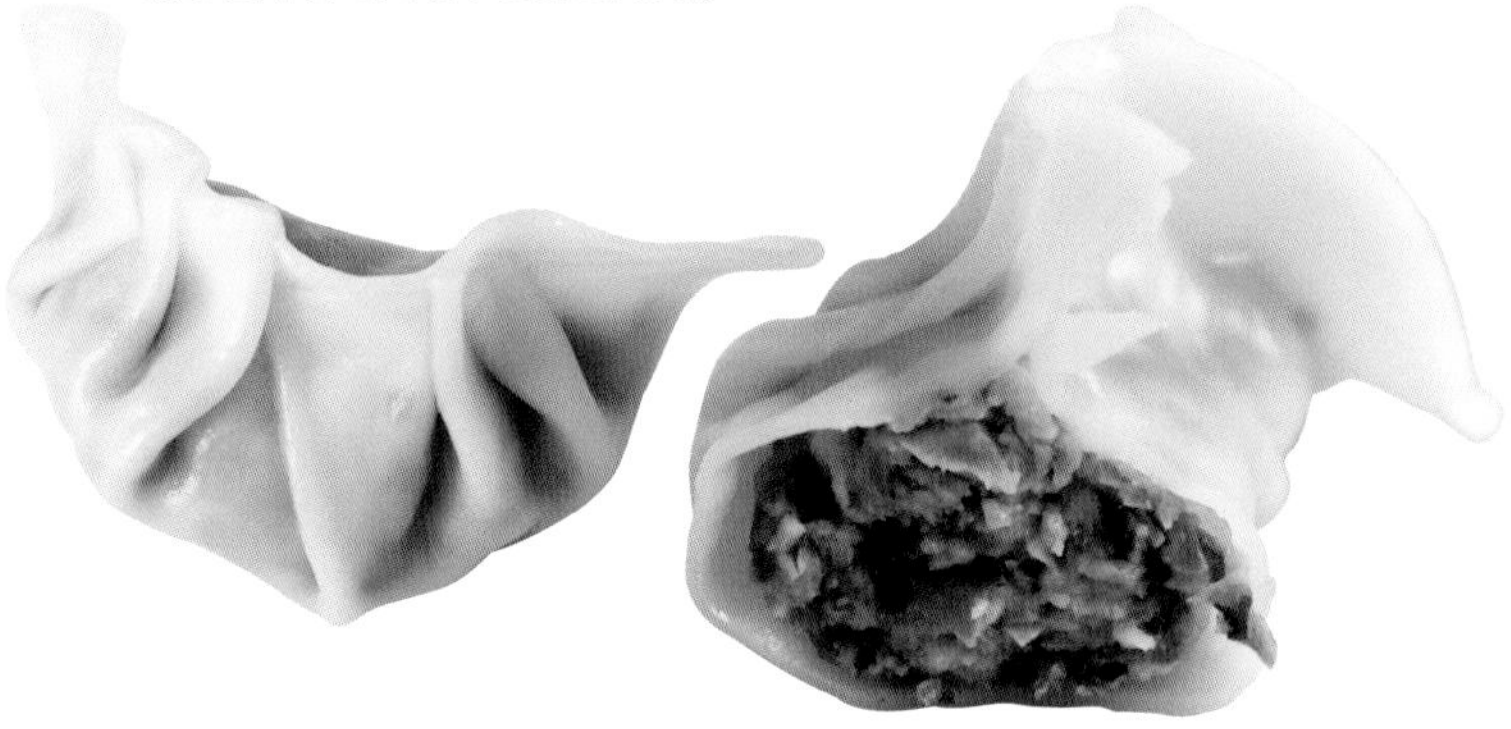

●材料（4人分）

ギョウザの皮…24枚
鶏ひき肉…200g
高菜漬け（塩けが強ければさっと洗い、みじん切り）…$\frac{1}{2}$カップ（100g）
A｜酒…大さじ1
　｜しょうゆ…小さじ$\frac{1}{2}$
　｜片栗粉、サラダ油、ごま油…各大さじ1

＊たねの作り方は、基本の水ギョウザ（p79）と同じ。ひき肉にAを順に混ぜたら、高菜を加え、ゆで時間は3～4分（包み方⇒p61と同じ）

春雨入り

春雨は、電子レンジで戻すとラクラク。
香味野菜の存在感がきいています。

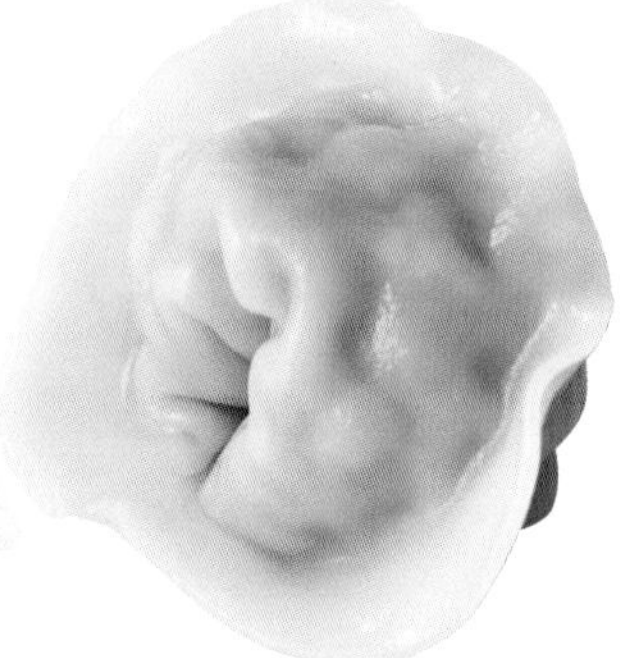

●材料（4人分）

ギョウザの皮…24枚
豚ひき肉…200g
春雨（乾燥・はさみで2cm長さに切り、耐熱ボウルに水1$\frac{1}{2}$カップとともに入れ、ラップなしで電子レンジで2分加熱し、水けをきる）…20g
A｜しょうが（すりおろす）…1かけ
　｜長ねぎ（みじん切り）…$\frac{1}{2}$本
　｜酒、しょうゆ、片栗粉、サラダ油、ごま油…各大さじ1

＊たねの作り方は、基本の水ギョウザ（p79）と同じ。ひき肉にAを順に混ぜたら、春雨を加え、ゆで時間は3～4分（包み方⇒p83揚げギョウザと同じ）

えび＋小松菜

えびをベースにした、ヘルシーな一品。
小松菜もたっぷり食べられます。

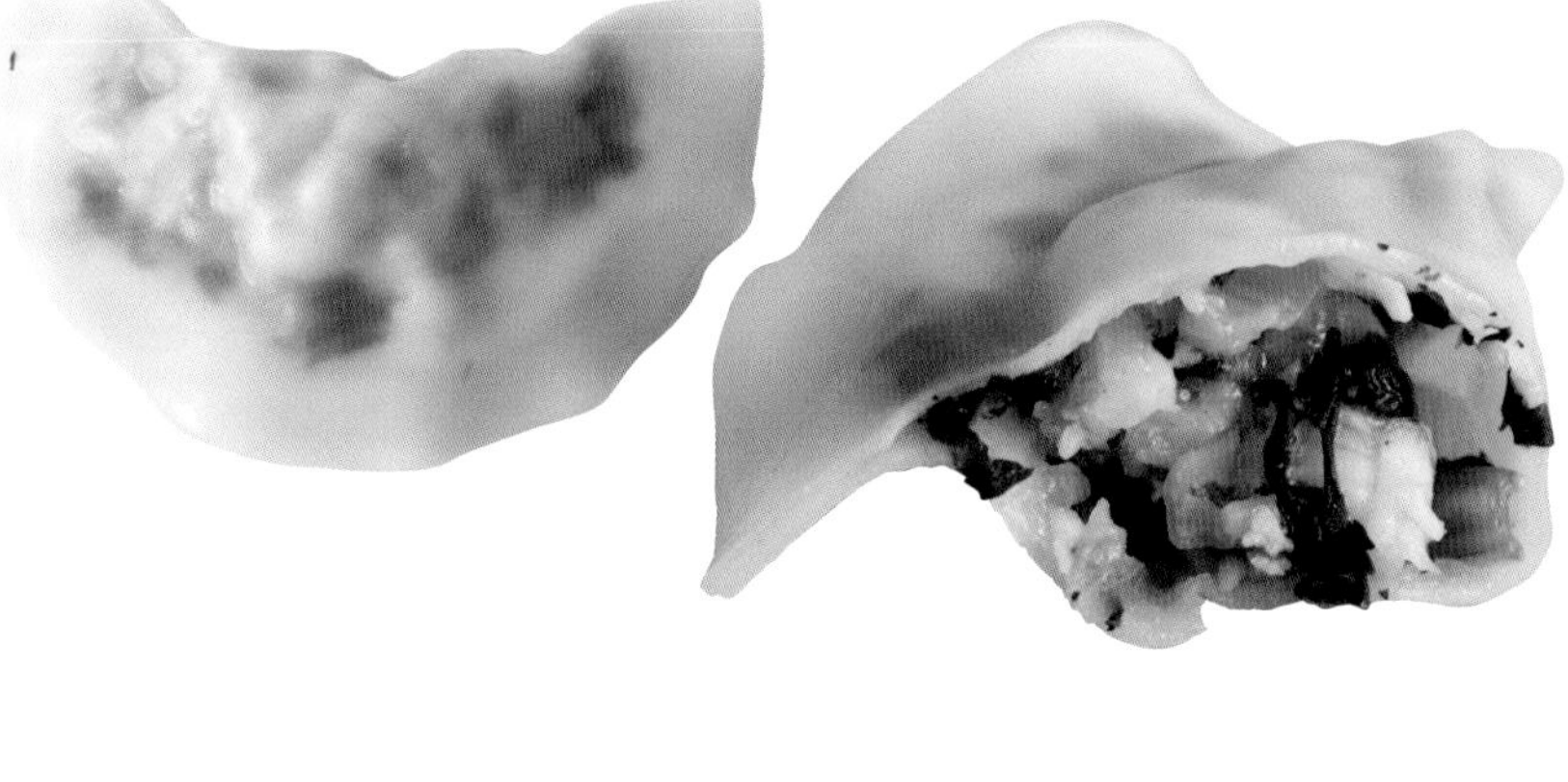

●材料（4人分）

ギョウザの皮…24枚
むきえび（背ワタを除き、半分は粘りが出るまでたたき、残りは粗く刻む）…200g
小松菜（熱湯でさっとゆで、みじん切りにして水けを絞る）…小1束
A｜しょうが（すりおろす）…1かけ
　｜酒…大さじ1
　｜塩…小さじ$\frac{1}{3}$
　｜片栗粉、サラダ油、ごま油…各大さじ1

＊たねの作り方は、基本の水ギョウザ（p79）と同じ。えびにAを順に混ぜたら、小松菜を加え、ゆで時間は3～4分（包み方⇒p71と同じ）

つけだれいろいろ

水ギョウザのたれは、しっかり味にするのがポイント。いくつか用意して、味を変えて楽しんでもいいですよ。

酢じょうゆ＋青唐辛子

青唐辛子の香り、ピリリとした辛みが最高。
なければ、赤唐辛子+ししとうでもOKです。

●材料（2人分）

酢…大さじ1
しょうゆ…大さじ½
青唐辛子（小口切り）…1本

酢じょうゆ＋しょうが

せん切りにしたしょうがが、香りのアクセント。
しょうがもギョウザと一緒に食べましょう。

●材料（2人分）

酢…大さじ1
しょうゆ…大さじ½
しょうが（せん切り）…1かけ

ごまだれ

コクのあるごまだれは、簡単に手作りできます。
風味がガラリと変わって、これまた新鮮！

●材料（2人分）

白練りごま…大さじ1
砂糖…小さじ½
酢…大さじ1½
しょうゆ…大さじ½
ラー油…小さじ1
しょうが、にんにく
（ともにすりおろす）
…各少々

＊左上から順に加えて混ぜる

酢＋豆板醤

さっぱりとした酢に合わせたのは、豆板醤。
ピリッとした強い辛さが、あとをひきます。

●材料（2人分）

酢…大さじ1
豆板醤…小さじ½

基本の蒸し／揚げギョウザ

肉だねは、あっさり仕上がるように白菜を使い、
たけのこは、粗めに刻んで食感を残すのがポイント。
白菜がなければ、もちろんキャベツでもＯＫです。
蒸せばしっとり、軽い味わい。揚げれば、ボリュームの一品に。

冷凍保存のしかた

揚げギョウザ

ギョウザは生のままラップを敷いたバットに並べ、冷凍室で３～４時間凍らせてから、ファスナー式の保存袋に入れる。揚げる時は凍ったまま、揚げ方は同じ（まわりが固まるまでに少し時間がかかる）。日持ちは約１か月。

蒸しギョウザ

ギョウザは生のままラップを敷いたバットに並べ、冷凍室で３～４時間凍らせてから、ファスナー式の保存袋に入れる（これでギョウザがくっつかない）。蒸す時は凍ったまま、時間は 12 ～ 13 分。日持ちは約１か月。

●材料（4人分）

ギョウザの皮…24枚
豚ひき肉…200g
白菜…2枚
ゆでたけのこ（粗みじん切り）…小1本（100g）
A　しょうが（すりおろす）…1かけ
　　酒…大さじ1
　　しょうゆ…小さじ2
　　片栗粉、ごま油…各大さじ1
塩…小さじ1/4
揚げ油…適量（揚げギョウザ用）

共通

1 たねを作る

白菜はみじん切りにして塩をまぶし、しんなりしたら水けを絞る。ボウルにひき肉を入れ、Aを順に加えてそのつど手で練り混ぜる。白菜、たけのこを加え、練り混ぜる。

【揚げギョウザ】（12個分）

2 包む

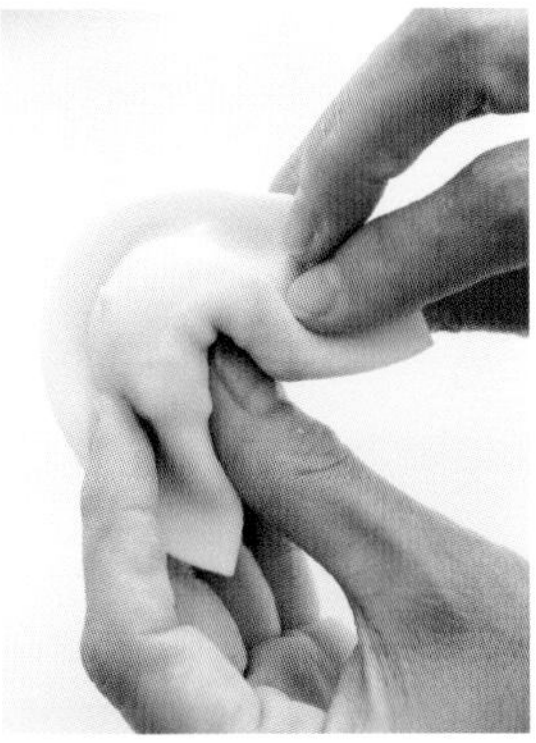

皮のふちにぐるっと1周水をつけ、まん中にたねをのせ、半分に折ってふちをくっつけ、たねの部分を親指でぐっと押すようにして両端を寄せる。

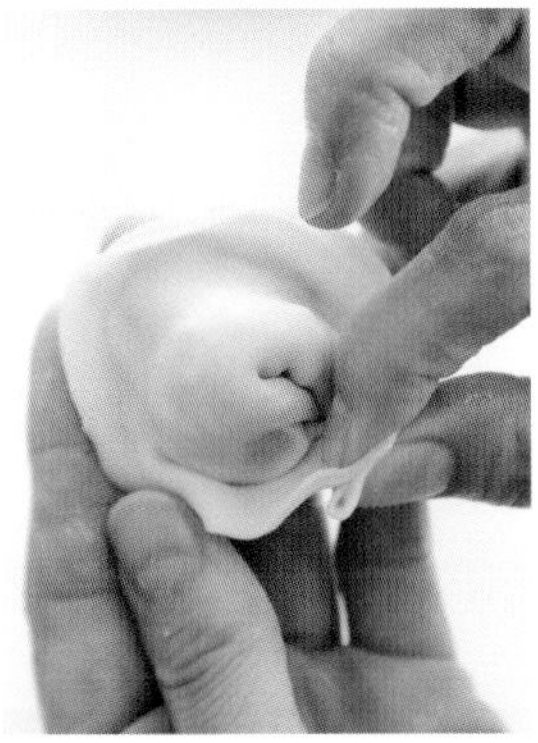

皮の両端を重ね、水をつけてぎゅっとくっつける。
＊揚げているうちにふちが離れやすいので、しっかりつけて

3 揚げる

鍋にギョウザがかぶるくらいの油を入れ、低温（150℃）に熱し、ギョウザを半量ずつ入れる。まわりが固まったら中温（170℃）にし、時々返しながらこんがり5～6分揚げる。
＊低温から揚げると、まわりに気泡ができてデコボコになることもない

【蒸しギョウザ】（12個分）

2 包む

たねを4等分に分け、そこから各6個ずつ作る。皮のふちにぐるっと1周水をつけ、まん中にたねをのせ、半分に折ってまん中をとめ、左右から3つずつひだを寄せて包む。

3 蒸す

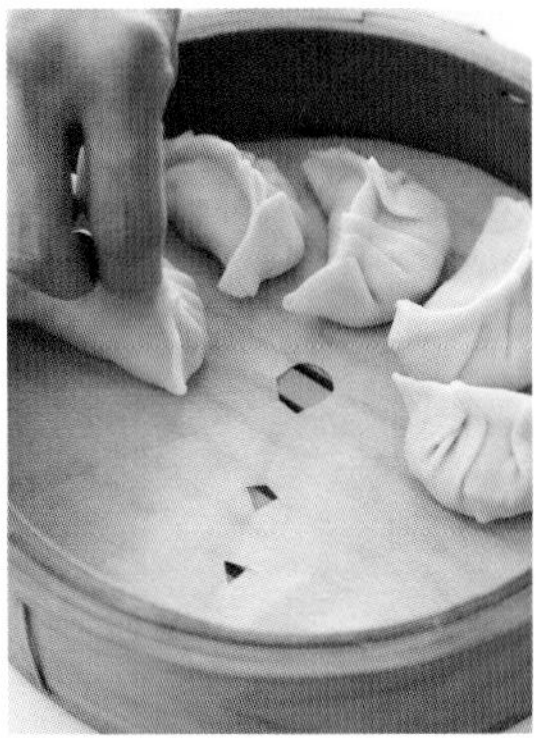

せいろよりやや小さく切ったオーブンシートにはさみで数か所穴をあけ、せいろに敷いてギョウザを並べる。蒸気が上がった鍋にのせ、強火で10分蒸す。
＊キャベツや白菜、レタスを敷いたり、蒸し器で作ってもOK

蒸 たねアレンジ

ひと口食べると、えびやほたてのうまみがジュワッ。どれもしょうがの香りが立ち、あとをひくおいしさです。

えび＋長ねぎ

えびは、半分をたたいて粘りけを出し、
残りは、刻んで食感を生かします。

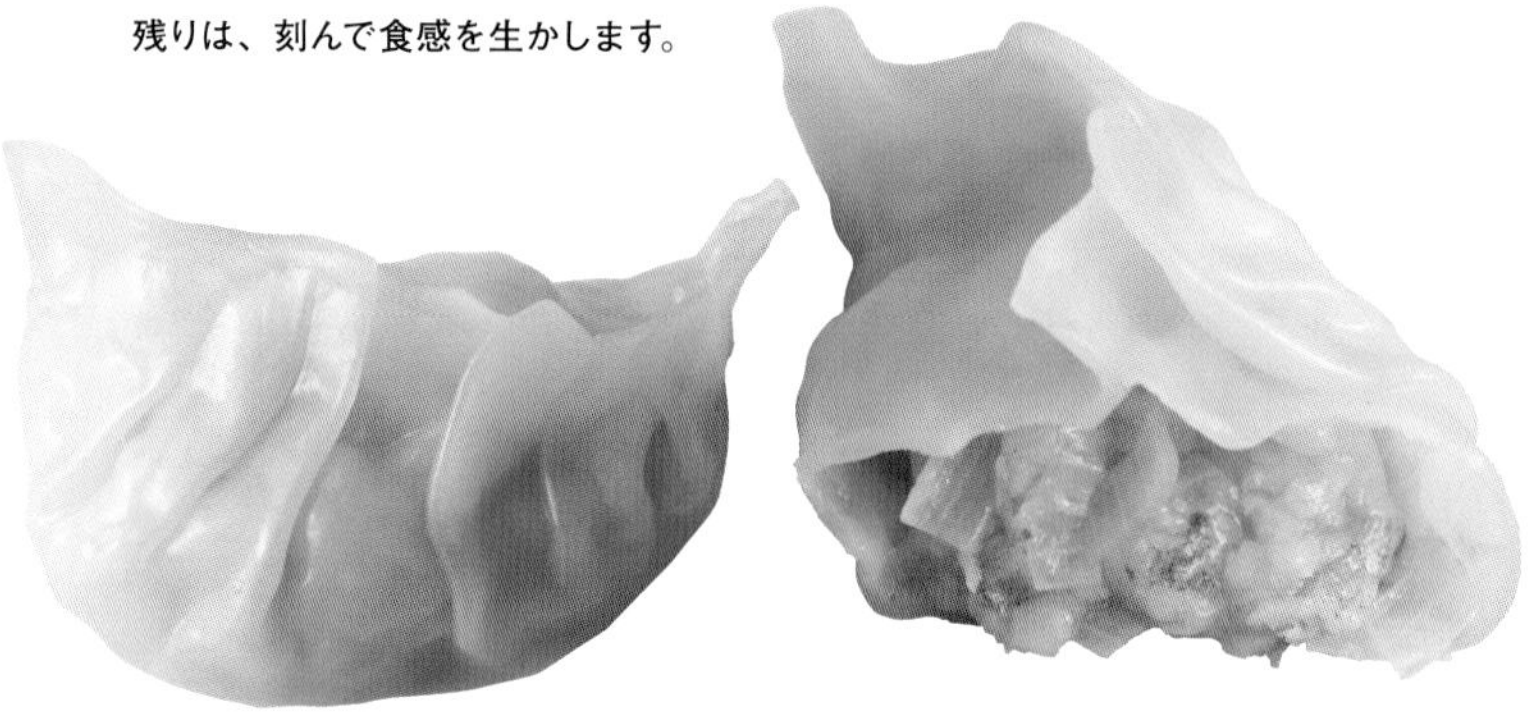

●材料（4人分）

ギョウザの皮…24枚
むきえび（背ワタを除き、半分は粘りが出るまでたたき、残りは粗く刻む）…200g
長ねぎ（みじん切り）…1本
A｜しょうが（すりおろす）…1かけ
　｜酒…大さじ1
　｜塩…小さじ¼
　｜片栗粉、サラダ油、ごま油…各大さじ1

＊作り方は、基本の蒸しギョウザ（p83）と同じ。えびにAを順に混ぜたら、長ねぎを加える

鶏ひき＋かぼちゃ

カレー味のかぼちゃは、食べごたえ十分。
鶏ひきで、その風味を立たせます。

＊作り方は、基本の蒸しギョウザ（p83）と同じ。ひき肉にAを順に混ぜたら、粗くつぶしたかぼちゃを加える（包み方⇒p70と同じ）

●材料（4人分）

ギョウザの皮…24枚
鶏ひき肉…200g
かぼちゃ（種とワタを除いて皮をむき、ひと口大に切ってさっと洗い、耐熱ボウルに入れてラップをかけ、電子レンジで4分加熱して2分蒸らす）…⅙個（200g）
A｜しょうが（すりおろす）…1かけ
　｜カレー粉…小さじ1
　｜酒…大さじ½
　｜塩…小さじ⅓
　｜片栗粉、サラダ油、ごま油…各大さじ½

●材料（4人分）

ギョウザの皮…大20枚
ほたて貝柱（刺身用・半分は粘りが出るまでたたき、残りは粗く刻む）…12個（300g）
レモン（国産・白いワタを除き、皮と果肉はみじん切り）…薄切り3枚
A｜しょうが（みじん切り）…1かけ
　｜酒…大さじ½
　｜塩…小さじ⅓
　｜片栗粉…大さじ2
　｜サラダ油…大さじ1

＊作り方は、基本の蒸しギョウザ（p83）と同じ。ほたてにAを順に混ぜたら、レモンを加え、蒸し時間は強火で8分

ほたて＋レモン

レモンは、皮と果肉を刻んで加えます。
ほたてのうまみが詰まったひと皿。

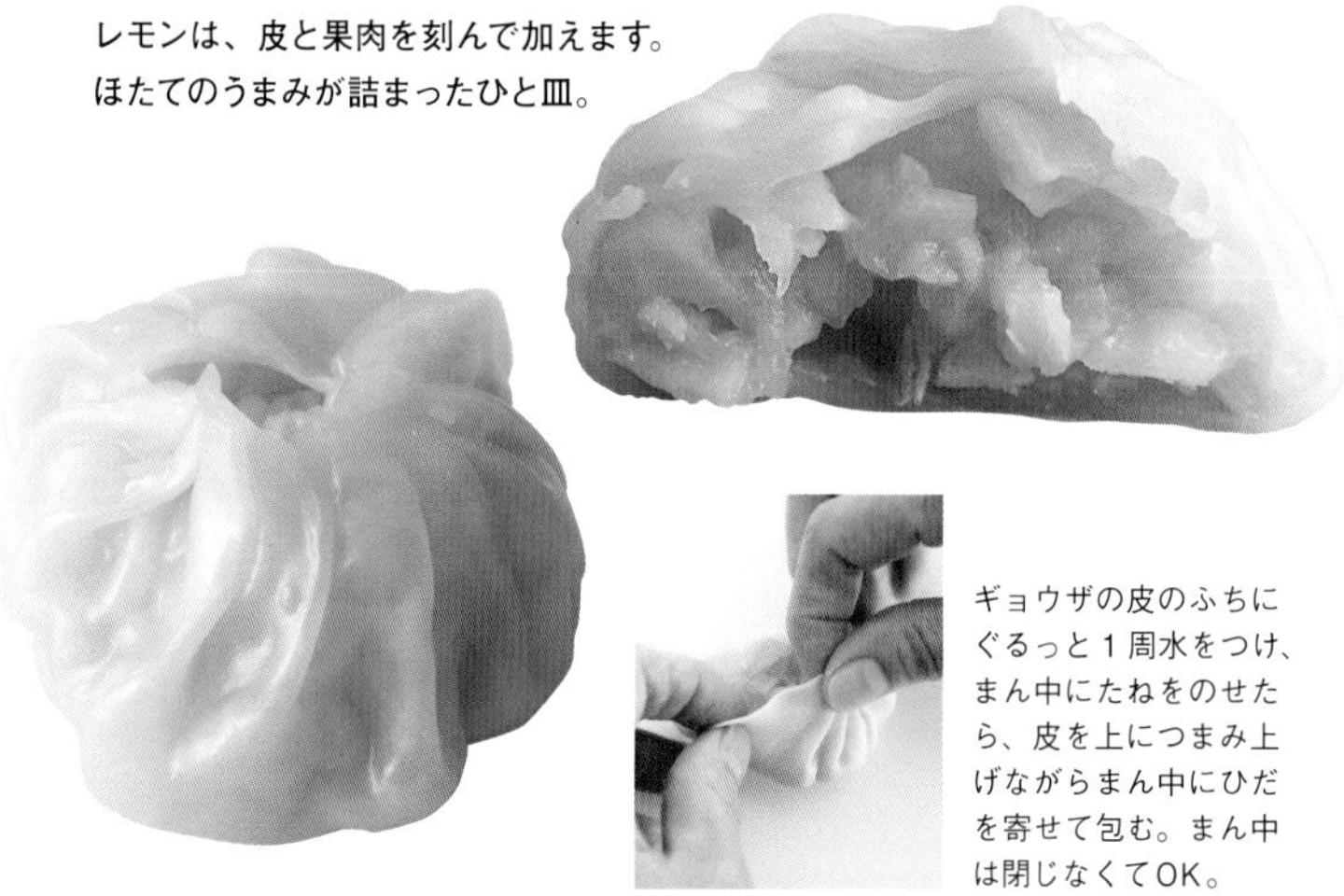

ギョウザの皮のふちにぐるっと1周水をつけ、まん中にたねをのせたら、皮を上につまみ上げながらまん中にひだを寄せて包む。まん中は閉じなくてOK。

揚 たねアレンジ

干しえびもまいたけも、揚げることでぐっと香りよく。具材は細かく切りすぎず、食感を楽しむのがおすすめ。

干しえび入り

干しえびは、戻し汁ごと使うのが大切。
そのだしをしっかりとじ込めます。

●材料（4人分）

ギョウザの皮…24枚
豚ひき肉…200g
白菜（みじん切りにして塩小さじ½を
まぶし、しんなりしたら水けを絞る）
…3枚
干しえび（湯大さじ1をかけて10分おき、
みじん切りにして戻し汁に戻す）
…大さじ1（10g）
A｜しょうが（すりおろす）…1かけ
｜酒、しょうゆ…各大さじ½
｜片栗粉、サラダ油…各大さじ1

＊作り方は、基本の揚げギョウザ（p83）と同じ。
ひき肉にAを順に混ぜたら、白菜、干しえび（汁ごと）を加える（包み方⇒ p61と同じ）

鶏ひき＋まいたけ

まいたけの香りが口いっぱいに！
万能ねぎの風味がアクセントです。

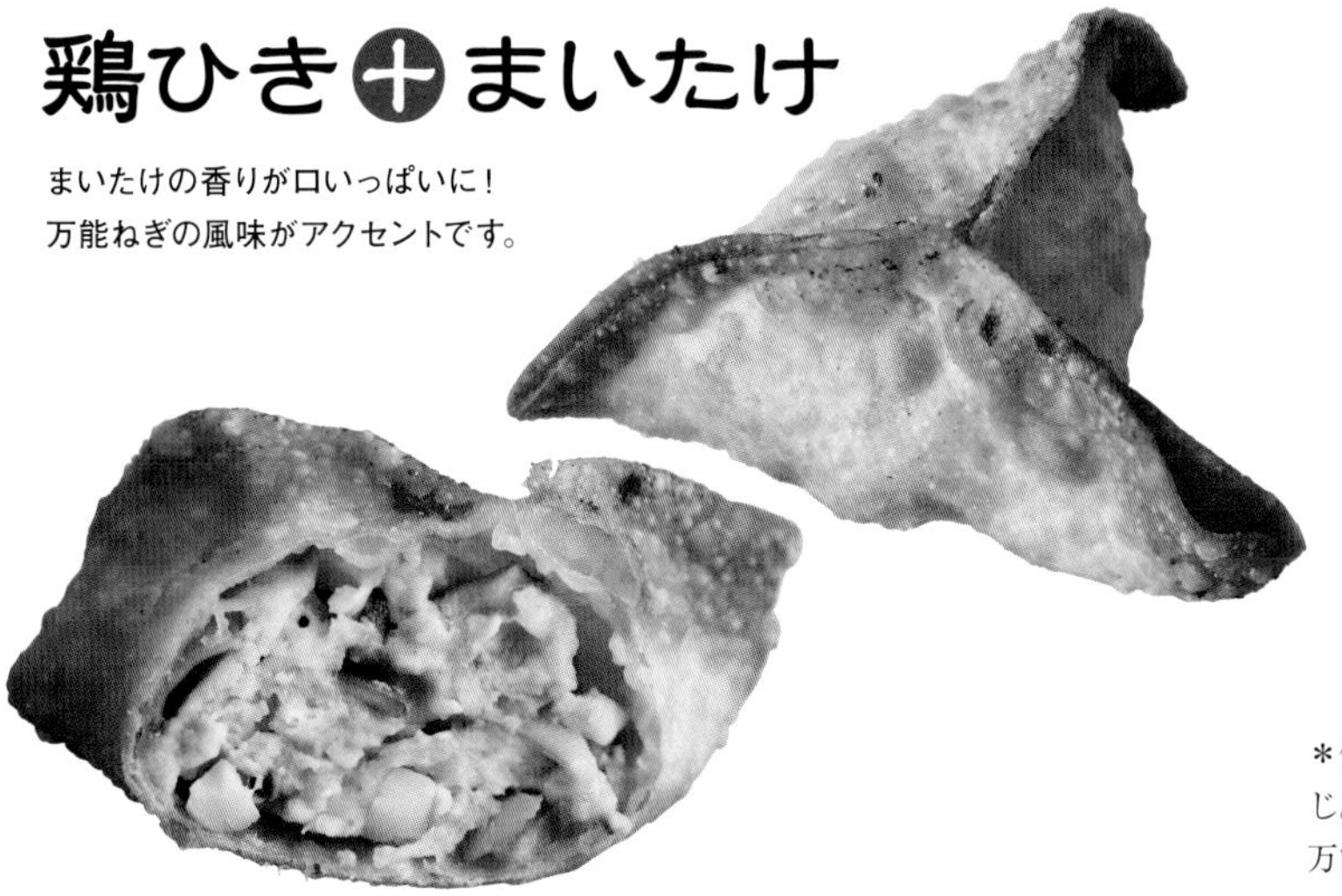

●材料（4人分）

ギョウザの皮…24枚
鶏ひき肉…200g
まいたけ（粗みじん切り）
…1パック（100g）
万能ねぎ（3～4mm幅の小口切り）
…4本
A｜しょうが（すりおろす）…1かけ
｜酒…大さじ½
｜塩…小さじ⅓
｜片栗粉、サラダ油…各大さじ1

＊作り方は、基本の揚げギョウザ（p83）と同じ。ひき肉にAを順に混ぜたら、まいたけ、万能ねぎを加える（包み方⇒ p72と同じ）

えびチリ風

みっちり入ったえびが、プリップリ！
ビッグ＆ボリューミーです。

●材料（4人分／12個）

ギョウザの皮…24枚
むきえび（背ワタを除き、粗く刻む）…200g
豚ひき肉…100g
A｜長ねぎ（みじん切り）…½本
｜にんにく、しょうが（すりおろす）
｜…各1かけ
｜酒…大さじ½
｜塩…小さじ⅓
｜ケチャップ…大さじ2
｜オイスターソース…大さじ1
｜豆板醤…小さじ1
｜片栗粉、サラダ油…各大さじ1

＊作り方は、基本の揚げギョウザ（p83）と同じ。
ひき肉にAを順に混ぜたら、えびを加える

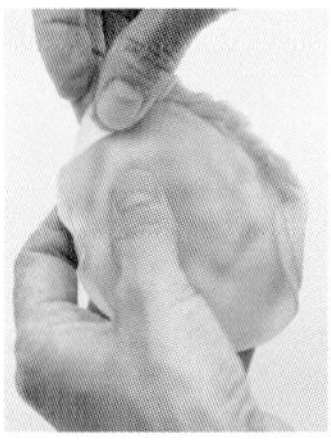

ギョウザの皮のふちにぐるっと1周水をつけ、まん中にたねをのせてもう1枚の皮ではさんだら、ふちをねじりながら1周折り込む。

② 基本の春巻き

具の肉に多めの片栗粉をまぶして炒めることで、あとでとろみをつける手間を省いた、簡単レシピです。包む時は空気を抜きつつ、ややゆるめにすると、中がふんわり、ジューシーな仕上がりに。低温でじっくり揚げれば、皮の香ばしさは格別です。

●材料（4人分／10本）

春巻きの皮 … 10枚
豚ロース薄切り肉 … 5枚（100g）
A ｜ しょうゆ、酒、しょうが汁
　｜ … 各小さじ1
ゆでたけのこ（細切り）… 小1本（100g）
春雨（乾燥・熱湯をかけて5分おき、
食べやすく切る）… 30g
片栗粉 … 大さじ1
B ｜ しょうゆ … 大さじ1
　｜ 砂糖 … 小さじ1
ごま油 … 小さじ1
サラダ油 … 大さじ½
C ｜ 小麦粉、水 … 各大さじ1
揚げ油 … 適量

1 具を作る

豚肉は細切りにし、A、片栗粉の順にもみ込み、サラダ油を熱したフライパンの中火でほぐれるまで炒める。

たけのこ、春雨を加えて炒め、しんなりしたらBを加え、ごま油をからめる。

バットなどに広げ、しっかり冷ます。
＊ここでしっかり冷まさないと、揚げた時に破裂する原因に

2 包む

春巻きの皮の角を手前にして置き、まん中より少し手前に具を等分して横長にのせる。
＊春巻きの皮には表裏があり、つるっとした表を外側にすると、きれいに揚がる

向こう2辺に混ぜたCを塗り、手前にひと巻き、左右、向こうの順に巻き、しっかりくっつけてとめる。
＊揚げるとしまるので、空気を抜きつつゆるめに巻くのがコツ

3 揚げる

低温（160℃）の揚げ油に巻き終わりを下にして半量ずつ入れ、時々返しながらこんがり6～7分揚げる。
＊低温の目安は、ぬれぶきんでふいた菜箸を入れた時、細かい泡が静かに出るくらい。包んだら、水分が出ないうちに早めに揚げて

冷凍保存のしかた

春巻きは生のままラップを敷いたバットに並べ、冷凍室で3～4時間凍らせてから、ファスナー式の保存袋に入れる（これで春巻きがくっつかない）。揚げる時は凍ったまま、揚げ方は同じ（ピチピチしてきてから6～7分）。日持ちは約1か月。

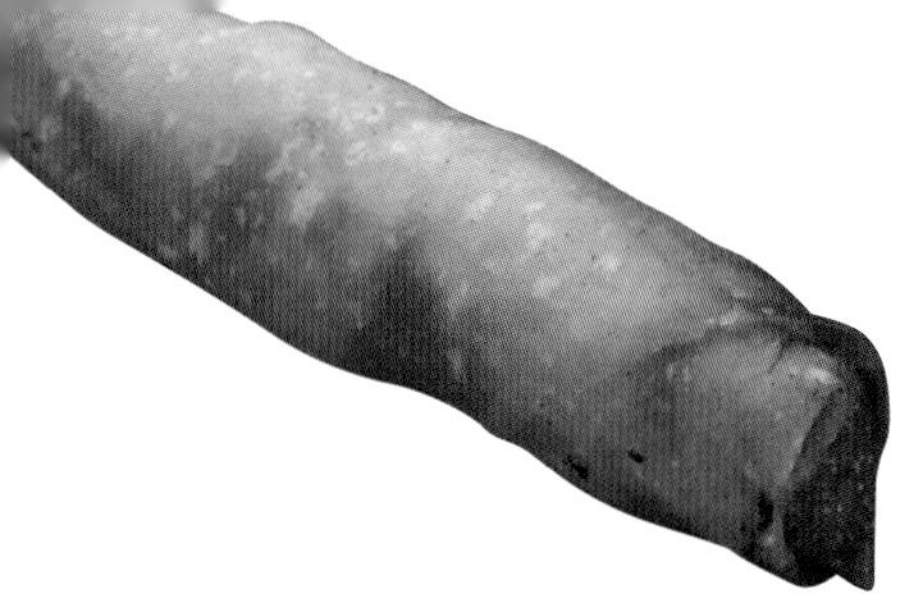

つまみ春巻き

切っただけの具を巻いて揚げるだけ。
カレーにチーズ入りと、お酒との相性は抜群。

1. たたきえび、カレー

春巻き

えびに合わせるのは、香りのいいセロリ。
少しのマヨネーズでコクを出しました。
えびは包丁でたたき、軽く粘りを出すのがポイント。
夕飯のおかずやお弁当にもぴったりですよ。

●材料（4人分／小10本）

春巻きの皮（斜め半分に切る）… 5枚
むきえび（背ワタを除き、たたく）
… 150g
セロリ（4cm長さのせん切り）… ⅓本
A | マヨネーズ、片栗粉 … 各小さじ2
　| カレー粉、酒 … 各小さじ1
　| 塩 … 小さじ⅓
B | 小麦粉、水 … 各大さじ1
揚げ油 … 適量

① ボウルにえび、Aを入れて手で練り混ぜ、セロリを加えてさらに練り混ぜる。

② 春巻きの皮に❶をのせ、左右、向こうの順に巻き、混ぜたBでとめ、中温（170℃）の揚げ油でこんがり5～6分揚げる。

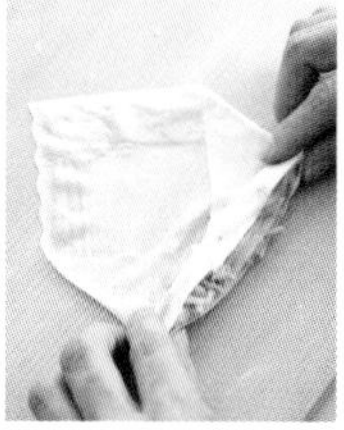

春巻きの皮は長い辺を手前に置き、手前に具をのせる。向こう2辺にのりを塗り、左右、向こうの順に巻く。

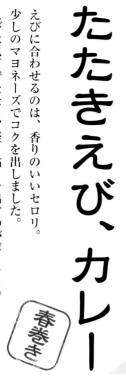

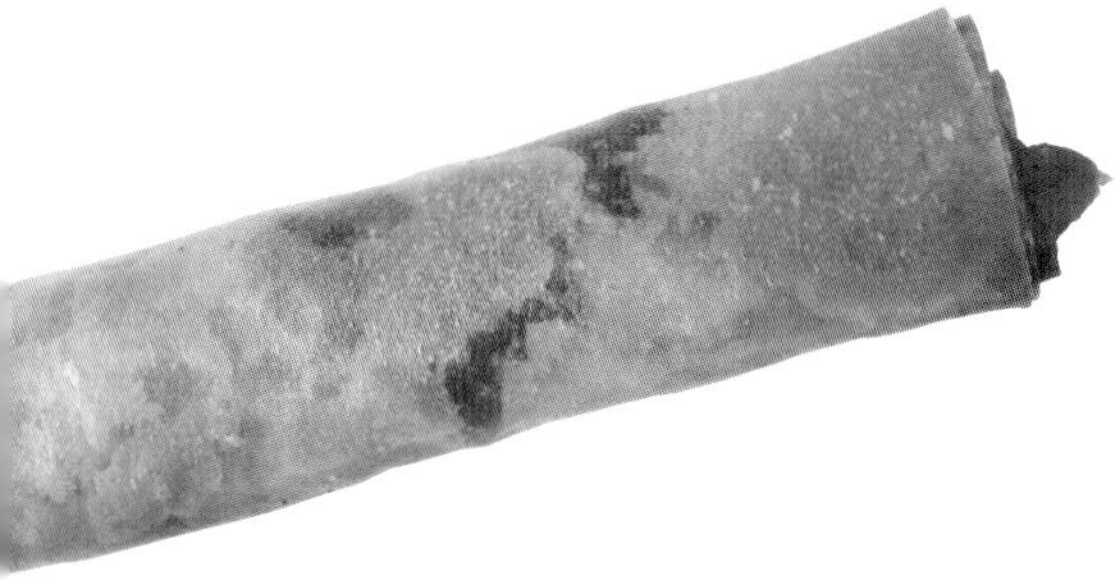

2. ささみと青じそ 春巻き

ささみは、片栗粉をまぶすことでジューシーに。
皮の両端はあいたまま、の簡単包みです。
1枚そのままをくるりと巻いた青じそのさわやかさが、
ささみの味わいを引き立てます。

春巻きの皮は縦長に置き、まん中に青じそ1枚(表を下にして)、手前にささみをのせてくるくる巻く。両端からささみが出てもOK。

●材料(4人分／小10本)

春巻きの皮(縦半分に切る)…5枚
鶏ささみ(筋なし)…3本(150g)
A | 酒…小さじ1
　| 塩…小さじ1/3
　| 片栗粉…小さじ2
青じそ…10枚
B | 小麦粉、水…各大さじ1/2
揚げ油…適量

① ささみは斜め3～4等分に細長く切り、Aをもみ込む。

② 春巻きの皮に青じそ、❶をのせてくるくる巻き、混ぜたBでとめ、中温(170℃)の揚げ油でこんがり3～4分揚げる。

3. 鶏ひきと高菜

春巻き

たっぷりの高菜が入った、しっかり味。
レタスに包んで食べてもおいしい。
スティック状にして両端をつぶすこの巻き方は、
皮の層が厚く、カリッと上手に揚がります。

●材料（4人分／細め10本）

春巻きの皮（縦半分に切る）…5枚
鶏ひき肉…100g
高菜漬け（塩けが強ければ
さっと洗い、みじん切り）
…½カップ（100g）
金いりごま（または白いりごま）
…大さじ1
A｜酒…大さじ1
　｜塩…少々
　｜片栗粉…小さじ2
B｜小麦粉、水…各大さじ1
揚げ油…適量

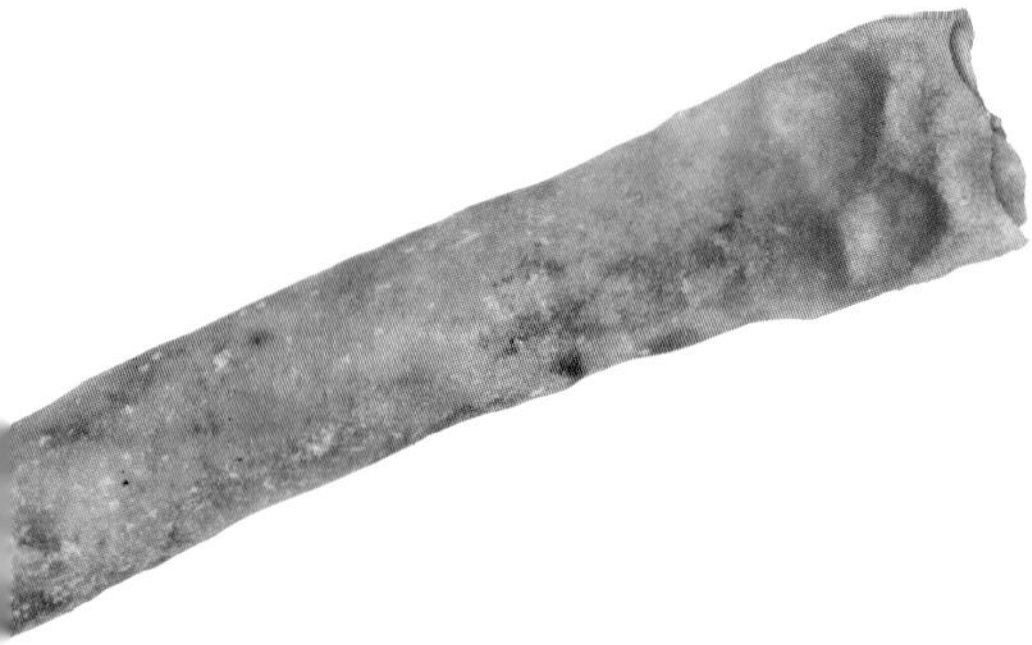

① ボウルにひき肉、Aを入れて手で練り混ぜ、高菜、いりごまを加えてさらに練り混ぜる。

② 春巻きの皮に❶をのせて棒状に巻き、混ぜたBでとめ、両端を指でつぶす。中温（170℃）の揚げ油でこんがり5〜6分揚げる。

春巻きの皮は横長に置き、手前に具をのせ、左右と向こう側にのりを塗り、くるくる巻く。

→

巻き終わりをしっかりとめ、両端を指でぎゅっと押してつぶしてくっつける。

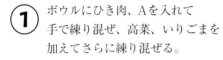

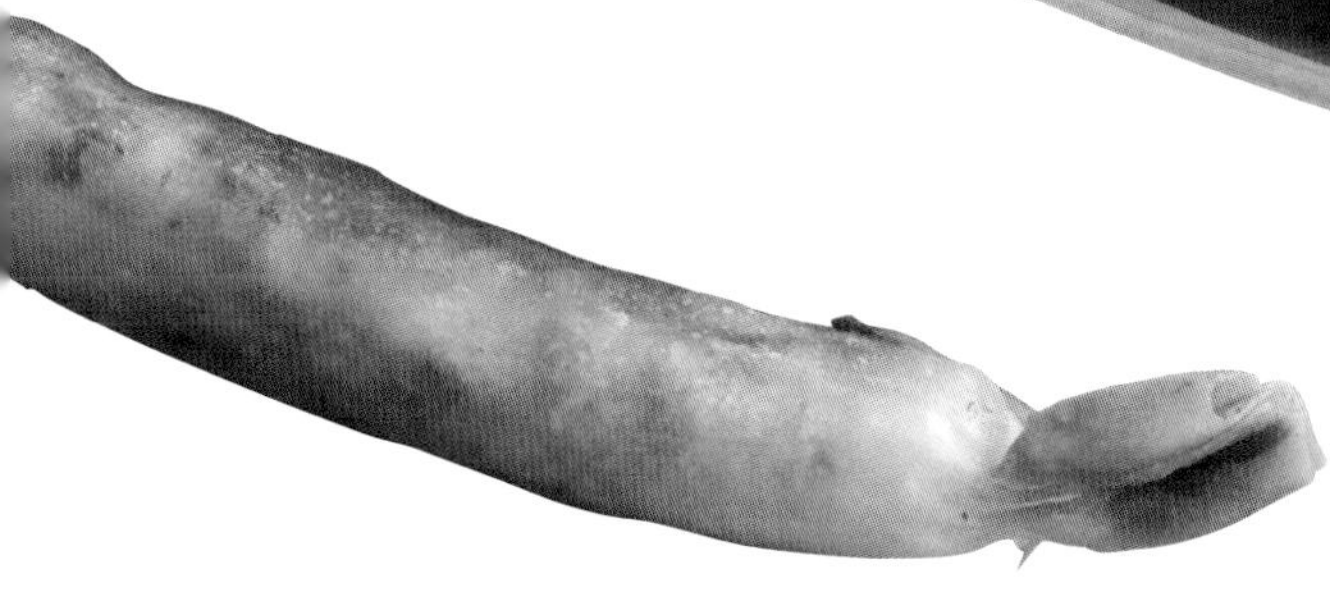

4. 枝豆チーズ

春巻き

枝豆と黒こしょうのピリッがくせになる、
お酒と相性抜群の手軽な一本です。
チーズは、揚げても溶けないプロセスチーズを。
粉山椒、一味、七味唐辛子をふってもいけます。

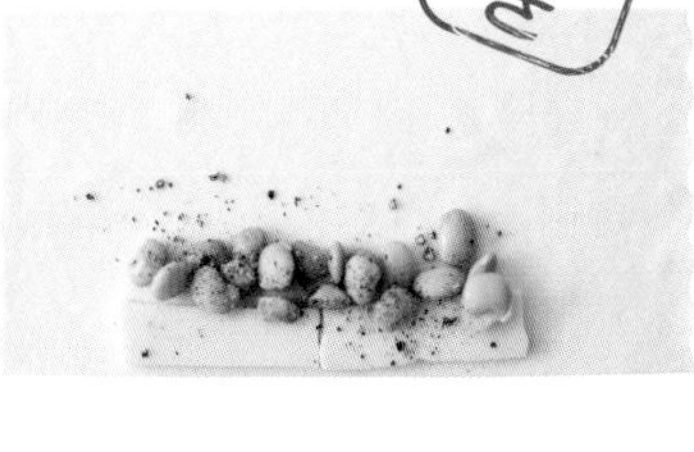

●材料（4人分／細め10本）

春巻きの皮（縦半分に切る）… 5枚
枝豆（ゆでてさやから出して）
… ½カップ（100g）
プロセスチーズ（20等分の棒状に
切る）… 100g
粗びき黒こしょう … 少々
A｜小麦粉、水 … 各大さじ1
揚げ油 … 適量

① 春巻きの皮にチーズ2切れ、枝豆、黒こしょうの順にのせ、棒状に巻き、混ぜたAでとめ、両端をねじる。中温（170℃）の揚げ油でこんがり3～4分揚げる。

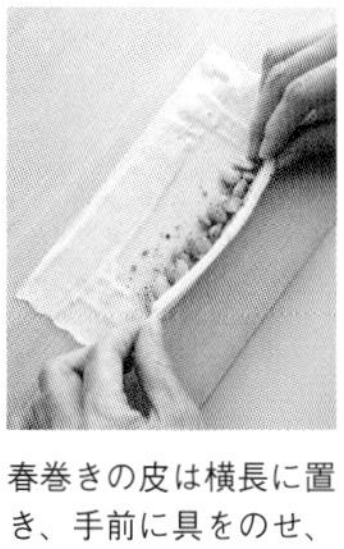

春巻きの皮は横長に置き、手前に具をのせ、左右の端から2～3cm内側、向こう側にのりを塗り、くるくる巻く。

→

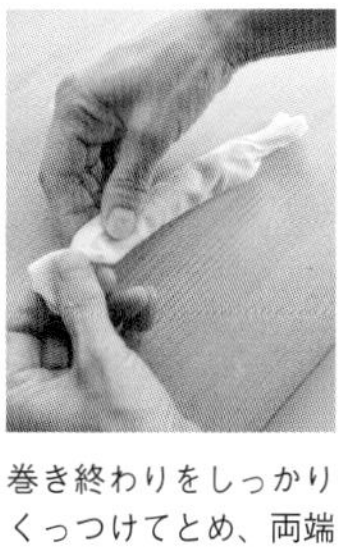

巻き終わりをしっかりくっつけてとめ、両端をキャンディーのようにねじってとめる。

ヘルシー春巻き

豆腐やきのこ、鶏むね肉にえび。
軽い味わいがズラリとそろいました。

1. 豆腐、ハム、たくあん

春巻き

ハムの塩け、たくあんのパリパリ食感に、
あっさりと軽い豆腐。もう、いくらでも食べられます。
豆腐は重しをのせ、しっかり水きりするのが大切。
これで油はねもせず、しっとりとした口あたりに。

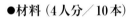

●材料（4人分／10本）

春巻きの皮 … 10枚
木綿豆腐 … 小1丁（200g）
ロースハム（半分に切る）… 5枚
たくあん（5cm長さの細切り）… 10cm
A ｜ 小麦粉、水 … 各大さじ1
揚げ油 … 適量

① 豆腐はキッチンペーパーで包み、重しをのせて15分水きりし、10等分の薄切りにして塩、こしょう各少々（分量外）をふる。

② 春巻きの皮にハム1切れ、❶を1切れ、たくあんの順にのせ、手前、左右、向こうの順に巻き、混ぜたAでとめる。中温（170℃）の揚げ油でこんがり3〜4分揚げる（巻き方⇒ p87と同じ）。

豆腐はキッチンペーパーで全体を包み、皿をのせて2ℓのペットボトルなどの2kgの重しをのせ、15分おいてしっかり水きりする。

2. まいたけ、にんにく 春巻き

まいたけは先に炒めて水けをとばし、
片栗粉を混ぜて、余分な水分を吸わせるのがコツ。
ひと口かじれば、にんにくとまいたけが、
ふんわり香り立つ最高の味わい。

●材料（4人分／10本）

春巻きの皮…10枚
まいたけ（細かくさく）…2パック（200g）
にんにく（みじん切り）…1かけ
A｜白ワイン…小さじ1
　｜塩…小さじ$\frac{1}{3}$
片栗粉…大さじ1
オリーブ油…大さじ$\frac{1}{2}$
B｜小麦粉、水…各大さじ1
揚げ油…適量

① フライパンにオリーブ油、にんにくを入れて弱火にかけ、香りが出たらまいたけを加えて強火で炒め、しんなりしたらAを加え、冷めたら片栗粉を混ぜる。

② 春巻きの皮に❶をのせ、手前、左右、向こうの順にやや細めに巻き、混ぜたBでとめる。低温（160℃）の揚げ油でこんがり4〜5分揚げる（巻き方⇒p87と同じ）。

まいたけは強火で水分をとばすように炒めたら、ボウルに移し、冷めたら片栗粉を混ぜる。これで、余分な水分が出るのを防げ、カリッと仕上がる。

3. 鶏むね肉、のり、わさび

春巻き

アクセントのわさびは、肉にからめるとうまみに。
のせて巻くと辛みになるので、お好みで。
皮を縦につなげ、くるくる三角に巻けば、
重なった層のカリカリ感がごちそうに！

●材料（4人分／15個）

春巻きの皮（縦3等分に切る）… 10枚
鶏むね肉（皮を除く）… 小1枚（150g）
A｜おろしわさび … 大さじ½
　｜しょうゆ、片栗粉 … 各小さじ2
　｜塩 … 小さじ¼
焼きのり（1枚を縦4等分に切る）
　… 全形約4枚
B｜小麦粉、水 … 各大さじ2
揚げ油 … 適量

① 鶏肉は1cm角に切り、Aをからめる。

② 春巻きの皮を縦に2枚つなげ、のり、❶をのせて三角に巻き、混ぜたBでとめる。低温（160℃）の揚げ油でこんがり6～7分揚げる。

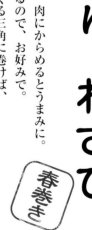

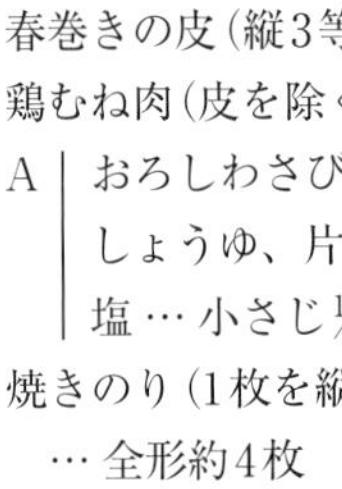

春巻きの皮は2cmほど重ねて縦に2枚置き、混ぜたBでくっつけてつなげる。

→

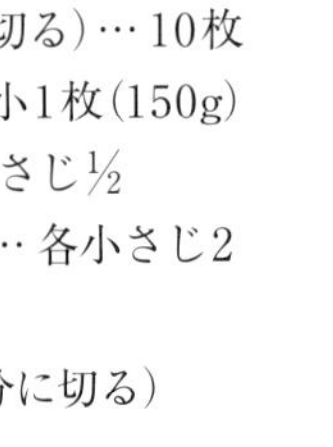

まん中に焼きのり、下を5～6cmあけて具をのせ、皮を右斜め上にかぶせ、左下の角を皮の右端に重ねる。

→

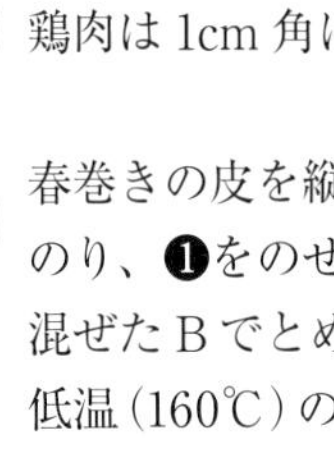

左斜め上にたたんで三角を作り、そのつど内側の角にのりを塗ってくっつけ、巻き終わりはしっかりとめる。

4. えびアボカド

春巻き

丸ごと1尾入ったえびのプリッとした食感と、
つぶしたアボカドのとろり、が抜群のおいしさ。
アボカドは、レモンとスパイスを加えてワカモレ風に。
広げずにのせて、皮をパリッと仕上げるのがコツです。

●材料（4人分／10個）

春巻きの皮（斜め半分に切る）…5枚
殻つきえび（ブラックタイガーなど）…10尾
A | アボカド（種と皮を除き、つぶす）…1個
　レモン汁…小さじ2
　クミンパウダー…小さじ1
　塩、粗びき黒こしょう…各小さじ½
B | 小麦粉、水…各大さじ2
揚げ油…適量

① えびは尾を残して殻をむき、背ワタを除き、腹側に3～4か所切り目を入れ、塩、こしょう各少々（分量外）をふる。

② 春巻きの皮に混ぜたA、❶の順にのせ、三角に巻き、混ぜたBでとめる。低温（160℃）の揚げ油でこんがり5～6分揚げる。

春巻きの皮は角を右下にして置き、アボカド、えびが角から尾が出るようにのせ、3辺にのりを塗る。2つの角をたたみ、四角くする。

→

4辺にのりを塗り、右上、左下を持ち上げて合わせて三角にし、しっかりくっつける。

がっつり春巻き

チーズ入り、鶏南蛮風、カレー味と、
ボリューミーで人気の味が大集合！

1. 鶏ひきチーズ

春巻き

しょうゆと砂糖で甘辛く味つけした鶏ひき肉が入って、鶏そぼろの春巻き版といったところ。白いごはんがもりもり食べられます。チーズは溶け出さないよう、プロセスチーズを選びます。

●材料（4人分／10本）

春巻きの皮 … 10枚
鶏ひき肉 … 200g
A｜長ねぎ（みじん切り）… ½本
　｜しょうが（すりおろす）… 1かけ
　｜しょうゆ、砂糖、片栗粉 … 各大さじ1
　｜酒 … 大さじ½
プロセスチーズ（10等分の棒状に切る）
　… 100g
B｜小麦粉、水 … 各大さじ1
揚げ油 … 適量

① ボウルにひき肉、Aを入れ、手で練り混ぜる。

② 春巻きの皮に❶、チーズ1切れの順にのせ、手前、左右、向こうの順に巻き、混ぜたBでとめる。低温（160℃）の揚げ油でこんがり5〜6分揚げる（巻き方⇒p87と同じ）。

2. 鶏肉、卵タルタル

春巻き

南蛮だれをからめた鶏肉に、タルタルソースを合わせた、鶏南蛮風のボリューム春巻きです。タルタルのマヨネーズは、油分が出ないよう少なめにすると、卵の味が立って、ぐんとおいしい。

●材料（4人分／10本）

春巻きの皮…10枚
鶏むね肉（1cm角の棒状に切る）…小1枚（150g）
A｜ポン酢じょうゆ…大さじ$1\frac{1}{2}$
　｜砂糖…小さじ1
　｜赤唐辛子（小口切り）…1本
B｜ゆで卵（みじん切り）…3個
　｜マヨネーズ…大さじ2
　｜塩、こしょう…各少々
サラダ油…小さじ1
C｜小麦粉、水…各大さじ1
揚げ油…適量

① 鶏肉は片栗粉大さじ1（分量外）をまぶし、サラダ油を熱したフライパンの中火で炒め、色が変わったらAをからめ、冷ます。

② 春巻きの皮に❶、混ぜたBの順にのせ、手前、左右、向こうの順にやや平たく巻き、混ぜたCでとめる。低温（160℃）の揚げ油でこんがり4〜5分揚げる。

鶏肉は片栗粉をまぶして中火で炒め、色が変わったら、ポン酢じょうゆベースの南蛮だれをからめる。中まで火は通さなくていい。

春巻きの皮の角を手前にして置き、まん中に具をのせ、4辺にのりを塗り、手前、左右、向こうの順に封筒のようにやや平たくたたむ。

がっつり春巻き

3. 豚ひきカレー春巻き

手軽にできる、インド料理のサモサ風春巻き。
ひき肉はバターで炒め、コクと香りを出し、
卵を加えてしっとりと仕上げるのが秘訣。
グリーンピースが、彩りのアクセントに。

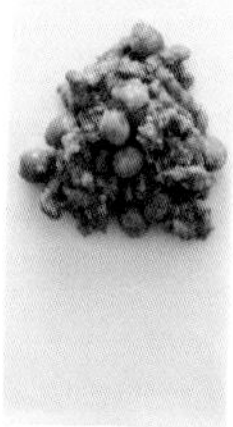

●材料（4人分／15個）

春巻きの皮（縦3等分に切る）… 10枚
豚ひき肉 … 150g
グリーンピース（冷凍）
　… ⅓カップ（50g）
A｜玉ねぎ（みじん切り）… ¼個
　｜にんにく、しょうが
　｜　（すりおろす）… 各1かけ
B｜カレー粉 … 大さじ1
　｜塩 … 小さじ½
卵 … 1個
バター … 10g
C｜小麦粉、水 … 各大さじ2
揚げ油 … 適量

① フライパンにバターを溶かし、Aを中火で炒め、しんなりしたらひき肉を加えてパラパラに炒め、Bを加えて汁けをとばすように炒める。冷めたらグリーンピース、卵を加えて混ぜる。

② 春巻きの皮を縦に2枚つなげ、❶をのせて三角に巻き、混ぜたCでとめる。低温（160℃）の揚げ油でこんがり5～6分揚げる（巻き方⇒p94と同じ）。

春巻きの皮はのりで縦に２枚つなげ、下を5～6cmあけて具をのせる。皮を右斜め上にかぶせ、左下の角を皮の右端に重ねる。

↓

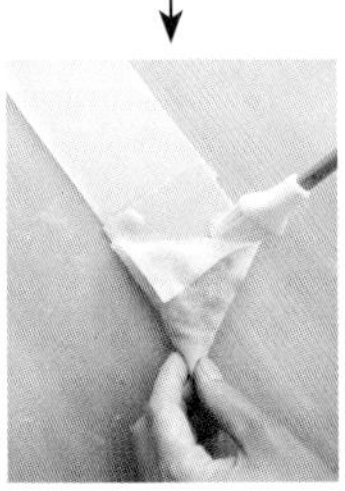

左斜め上にたたんで三角を作り、そのつど内側の角にのりを塗ってくっつけ、巻き終わりはしっかりとめる。

4. 豚ひきと里いものエスニック

春巻き

ベトナム料理にあるタロイモの春巻きをアレンジ。せん切りにした里いもの食感が、新鮮なおいしさ。ナンプラーの塩け、砂糖のほのかな甘みで、ビールがすすむエスニックな味わいです。

●材料（4人分／10本）

春巻きの皮 … 10枚
豚ひき肉 … 150g
A ｜ 里いも（スライサーでせん切り） … 大1個（70g）
　 ｜ にんじん（スライサーでせん切り） … $\frac{1}{4}$本
　 ｜ きくらげ（水で戻し、せん切り） … 10個
B ｜ にんにく（すりおろす）… 1かけ
　 ｜ ナンプラー … 大さじ1
　 ｜ 砂糖 … 小さじ1
　 ｜ 塩、こしょう … 各少々
C ｜ 小麦粉、水 … 各大さじ1
揚げ油、香菜《シャンツァイ》 … 各適量

① ボウルにひき肉、Bを入れて手で練り混ぜ、Aを加えてさらに練り混ぜる。

② 春巻きの皮に❶をのせ、手前、左右、向こうの順に巻き、混ぜたCでとめる。低温（160℃）の揚げ油でこんがり6〜7分揚げ、器に盛って香菜を添える（巻き方⇒ p87と同じ）。

スピード春巻き

うちにある材料で、さっと作れるものばかり。
おかずのほか、おつまみにもぜひどうぞ。

1. ハム、チーズ、青じそ

チーズが溶け出さないように、高温の油で、表面をさっと揚げるのがコツ。ハムの塩けに、青じその香りがふわり。

●材料（3～4人分／細め10本）

春巻きの皮（縦半分に切る）…5枚
ロースハム（細切り）…5枚
プロセスチーズ（10等分の棒状に切る）…100g
青じそ（縦半分に切る）…10枚
A｜小麦粉、水…各大さじ1
揚げ油…適量

① 春巻きの皮に青じそ、ハム、チーズの順にのせ、棒状に巻き、混ぜたAでとめ、両端を指でつぶす。高温（180℃）の揚げ油でこんがり2分揚げる（巻き方⇒p90と同じ）。

春巻きの皮は横長に置き、手前に青じそ2切れ、ハム、チーズ1切れの順にのせる。左右と向こう側にのりを塗って巻き、両端をつぶしてくっつける。

2. ちくわ、ピザ用チーズ

チーズを詰めたちくわを丸ごと1本入れた、ユニークな春巻き。皮に青のりをふったり、明太子やポテサラをちくわに詰めても美味。

●材料（3～4人分／5本）

春巻きの皮…5枚
ちくわ（縦に1本切り込みを入れる）…5本
ピザ用チーズ…½カップ（40g）
A｜小麦粉、水…各大さじ½
揚げ油…適量

① ちくわはチーズを等分して詰め、春巻きの皮に1本ずつのせて手前、左右、向こうの順に巻き、混ぜたAでとめる。中温（170℃）の揚げ油でこんがり3～4分揚げる（巻き方⇒p87と同じ）。

ちくわは縦に1本切り込みを入れ、ピザ用チーズをたっぷり詰める。チーズを入れずに作ってもおいしい。

3. ツナマヨ、いんげん

人気のツナマヨに、粒マスタードがアクセント。いんげんは、生のまま巻くだけの手軽さで、香りと食感を存分に楽しめます。

●材料（3〜4人分／細め10本）

春巻きの皮（縦半分に切る）…5枚
A｜ツナ缶（汁けをきる）… 小1缶（70g）
　｜マヨネーズ … 大さじ2
　｜粒マスタード … 小さじ1
いんげん（ヘタを除く）…10本
B｜小麦粉、水 … 各大さじ1
揚げ油 … 適量

① 春巻きの皮にいんげん1本、混ぜたAの順にのせ、棒状に巻き、混ぜたBでとめ、両端を指でつぶす。中温（170℃）の揚げ油でこんがり3〜4分揚げる（巻き方⇒p90と同じ）。

4. ツナ、梅オイスター

梅干しとにんにく、オイスターソースは、相性ぴったりの組み合わせ。ツナの風味とからみ、おつまみにも最適です。

●材料（3〜4人分／6個）

春巻きの皮（縦3等分に切る）… 4枚
A｜ツナ缶（汁けをきる）… 小1缶（70g）
　｜梅干し（たたく）… 大1個
　｜にんにく（みじん切り）… 1かけ
　｜オイスターソース … 大さじ1
B｜小麦粉、水 … 各大さじ1
揚げ油 … 適量

① 春巻きの皮は縦に2枚つなげ、混ぜたAをのせて三角に巻き、混ぜたBでとめる。中温（170℃）の揚げ油でこんがり3〜4分揚げる（巻き方⇒p94と同じ）。

5. はんぺん明太子

人気の明太バターとふんわりはんぺんを、春巻きの中にぎゅっと詰めました。はんぺんはふくらむので、揚げ時間はごく短めに。

春巻きの皮は縦長に置き、手前に具をのせる。左右と向こう側にのりを塗り、向こうに巻いてとめ、両端を指でつぶしてくっつける。

●材料（3～4人分／小10個）

春巻きの皮（縦半分に切る）…5枚
はんぺん（10等分の薄切り）…1枚
明太子（20等分に切る）…1腹（2本・80g）
バター（10等分に切る）…20g
A｜小麦粉、水…各大さじ1
揚げ油…適量

①春巻きの皮にはんぺん1切れ、明太子2切れ、バター1切れの順にのせ、手前から巻き、混ぜたAでとめ、両端を指でつぶす。高温（180℃）の揚げ油で2分揚げる。

6. たらこもやし

たらこの風味と、わさびのピリッが絶妙。もやしは、長ければ半分に折るくらいで、シャキッとした食感を生かします。

●材料（3～4人分／小10個）

春巻きの皮（縦半分に切る）…5枚
たらこ（20等分に切る）
…1腹（2本・80g）
もやし…½袋（100g）
おろしわさび…大さじ½
A｜小麦粉、水…各大さじ1
揚げ油…適量

①春巻きの皮にもやし、たらこ2切れ、わさびの順にのせ、三角に巻き、混ぜたAでとめる。中温（170℃）の揚げ油でこんがり3～4分揚げる。

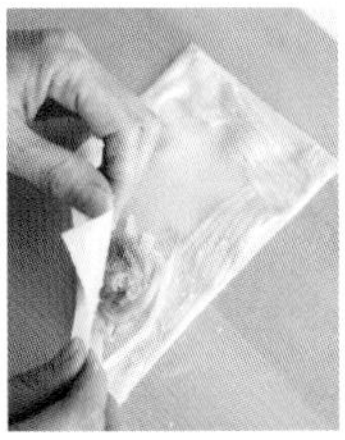

春巻きの皮は縦長に置き、左右と向こう側にのりを塗り、右手前に具をのせ、左から皮をかぶせてつける。このあと具ごと持ち上げて向こうにたたみ、巻き終わりをくっつける。

7. ベーコンえのき

えのきのシャキシャキ感がごちそう。ベーコンのうまみとオレガノがアクセントの、ジューシーで香り高い春巻きです。

●**材料（3～4人分／5本）**

春巻きの皮…5枚
ベーコン（長さを半分に切る）…5枚
えのきだけ（長さを半分に切る）…1袋（100g）
オレガノ（ドライ・またはバジル）…小さじ1
塩…少々
A｜小麦粉、水…各大さじ½
揚げ油…適量

① 春巻きの皮にベーコン1切れ、えのき、オレガノと塩、ベーコン1切れの順にのせ、手前、左右、向こうの順に巻き、混ぜたAでとめる。中温（170℃）の揚げ油でこんがり3～4分揚げる（巻き方⇒p87と同じ）。

オレガノは、別名ハナハッカと呼ばれる清涼感のある香りのハーブ。オムレツやドレッシングに加えたり、ケチャップと合わせてピザソースがわりにしても。

8. ベーコン、アスパラ、粉チーズ

アスパラを丸ごと1本包んで揚げれば、香りがよく、さくっとした歯ごたえも美味。皮全体にふった粉チーズが、味の決めてです。

●**材料（3～4人分／5本）**

春巻きの皮…5枚
ベーコン（細切り）…5枚
グリーンアスパラ
（下のかたい皮をむく）…5本
A｜粉チーズ…大さじ2
｜塩、粗びき黒こしょう…各少々
B｜小麦粉、水…各大さじ½
揚げ油…適量

① 春巻きの皮は全体にAをふり、まん中にアスパラ、ベーコンの順にのせて棒状に巻き、混ぜたBでとめ、両端を軽くおさえる。中温（170℃）の揚げ油でこんがり5～6分揚げる。

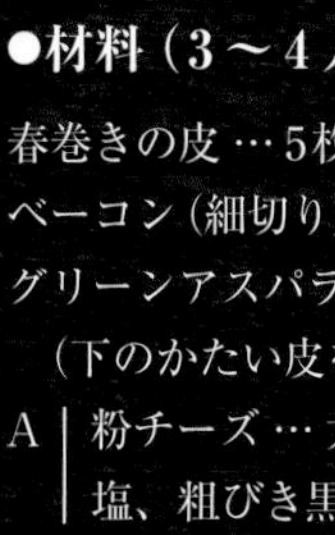

春巻きの皮は角を手前にして置き、向こう2辺にのりを塗り、Aをふってまん中にアスパラ1本、ベーコンをのせて巻き、両端を指で軽くおさえてつける。

9. ささみ、梅、のり

ささみは包丁でたたき、みそをからめ、香ばしく、しっとりと仕上げます。梅のさっぱりとした風味がたまりません！

●材料（3～4人分／6個）

春巻きの皮（縦3等分に切る）…4枚

A｜鶏ささみ（筋なし・粗くたたく）…3本（150g）
　｜みそ…大さじ½

梅干し（たたく）…大2個

焼きのり（縦6等分に切る）…全形1½枚

B｜小麦粉、水…各大さじ1

揚げ油…適量

① 春巻きの皮は縦に2枚つなげ、のり、混ぜたA、梅干しをのせて三角に巻き、混ぜたBでとめる。低温（160℃）の揚げ油でこんがり5～6分揚げる（巻き方⇒p94と同じ）。

10. 桜えびと香菜《シャンツァイ》

味つけは、塩だけでシンプルに。桜えびと香菜を皮全体に散らして巻けば、素材の香りがぎゅっと詰まった一本に。

●材料（3～4人分／細め10本）

春巻きの皮（縦半分に切る）…5枚

A｜桜えび（乾燥・粗く刻む）…¾カップ（20g）
　｜香菜《シャンツァイ》（ざく切り）…2株
　｜ピーナッツ（ポリ袋に入れ、めん棒でたたきつぶす）…½カップ（40g）
　｜粗塩…少々

B｜小麦粉、水…各大さじ1

揚げ油…適量

① 春巻きの皮は全体にAを順にふり、棒状に巻き、混ぜたBでとめ、両端を指でつぶす。中温（170℃）の揚げ油でこんがり3～4分揚げる（巻き方⇒p90と同じ）。

春巻きの皮は横長に置き、左右と向こう側にのりを塗り、全体に桜えび、香菜、ピーナッツ、塩の順に散らして手前から巻き、両端をつぶしてくっつける。

11. カレーコールスロー、うずら卵

キャベツたっぷりのコールスローは、
ほんのりとしたカレーの香りが隠し味に。
うずら卵は切り目を入れ、破裂防止を。

●材料（3〜4人分／小12個）

春巻きの皮（縦半分に切る）… 6枚
うずらの卵（水煮・1か所切り目を入れる）… 12個
キャベツ（3cm長さの細切り）… 2枚
塩 … 小さじ¼
A｜マヨネーズ … 小さじ2
　｜カレー粉 … 小さじ1
B｜小麦粉、水 … 各大さじ1
揚げ油 … 適量

① キャベツは塩をふってもみ、しんなりしたら水けを絞り、Aを混ぜる。

② 春巻きの皮に❶、切り目を入れたうずらの卵1個の順にのせ、三角に巻き、混ぜたBでとめる。中温（170℃）の揚げ油でこんがり3〜4分揚げる（巻き方⇒p102たらこもやしと同じ）。

12. ウインナ、じゃがいも

マスタードをからめたじゃがいもで、
ウインナを包むように巻いて揚げるのがコツ。
ウインナは、破裂予防に切り目を入れて。

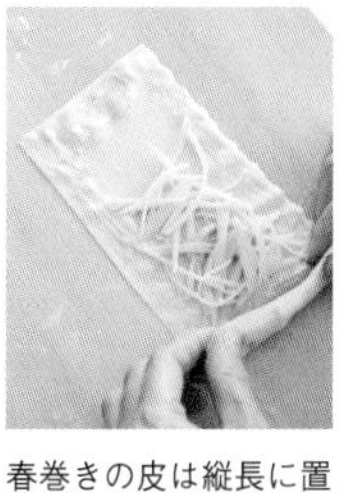

春巻きの皮は縦長に置き、左右と向こう側にのりを塗り、じゃがいもを広げて手前にウインナ1本をのせてくるくる巻き、両端を指でつぶしてくっつける。

●材料（3〜4人分／小6個）

春巻きの皮（縦半分に切る）… 3枚
ウインナ（1か所切り目を入れる）… 6本
A｜じゃがいも（せん切りにして洗い、水けをふく）… 小1個（100g）
　｜フレンチマスタード … 小さじ2
　｜塩 … 小さじ¼
B｜小麦粉、水 … 各大さじ1
揚げ油 … 適量

① 春巻きの皮に混ぜたA、切り目を入れたウインナの順にのせ、手前から巻き、混ぜたBでとめ、両端を指でつぶす。中温（170℃）の揚げ油でこんがり4〜5分揚げる（巻き方⇒p102はんぺん明太子と同じ）。

3 基本の肉団子

ひき肉に調味料、卵、片栗粉を順に加えながら、
粘りが出るまで手でしっかり練り混ぜるのがコツ。
こうすると肉にコシが出て、肉感たっぷりの肉団子になります。
揚げる時は、高温でまずまわりを固めるのがポイント。
これで表面はカリッ、中はやわらかジューシーです。

冷凍保存のしかた

肉団子は揚げ、冷めたらファスナー式の保存袋に入れる。電子レンジで解凍してからあんをからめたり、スープなどに入れる場合は、凍ったまま加えて。日持ちは約１か月。

●材料（4人分／16個）

豚ひき肉 … 400g
A｜しょうが（すりおろす）… 1かけ
　｜酒 … 大さじ2
　｜しょうゆ … 小さじ1
　｜塩 … 小さじ¼
　｜こしょう … 少々
卵 … 1個
片栗粉 … 大さじ2
ごま油 … 大さじ½
B｜酢、砂糖 … 各大さじ3
　｜しょうゆ … 大さじ2
　｜酒 … 大さじ1
　｜水 … 1カップ
　｜片栗粉 … 大さじ1½
揚げ油 … 適量
万能ねぎ（斜め薄切り）… 1本

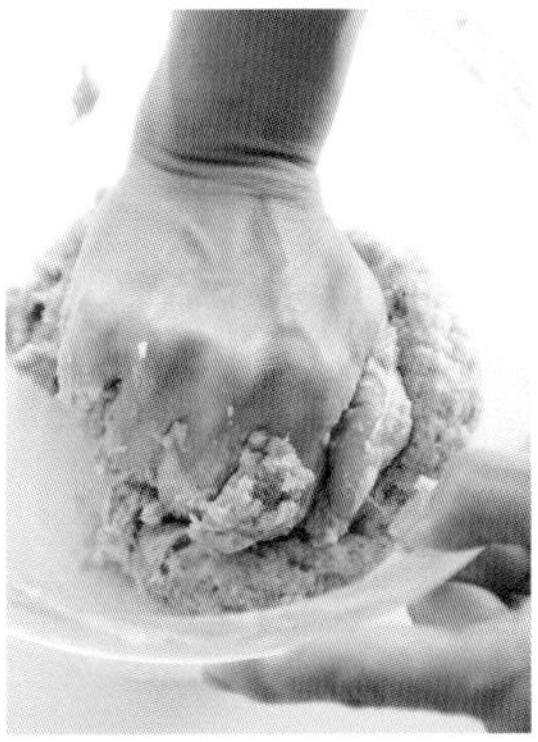

1 たねを作る

ボウルにひき肉を入れ、Aを順に加えて、そのつど粘りが出るまで手で練り混ぜる。

＊最初は手でつかむように、Aがすべて入ったら、ぎゅっと押すようにして混ぜる。手の温度で肉の脂が溶けないよう、ひき肉は冷やしておく

溶いた卵（2～3回に分けて）、片栗粉、ごま油の順に加え、そのつど粘りが出るまで手で練り混ぜる。

2 揚げる

手にサラダ油少々（分量外）をつけ、16等分にしながら軽く丸める。

＊手に油をつけると、たねがつきにくく、きれいに丸められる

鍋に肉団子がかぶるくらいの油を入れ、高温（180℃）に熱し、肉団子を丸め直してすべて入れる。表面がカリッとしたら低温（160℃）にし、時々返しながら５分揚げる。

＊高温の目安は、ぬれぶきんでふいた菜箸を入れた時、勢いよく泡が出るくらい。低温は、細かい泡が静かに出るくらい

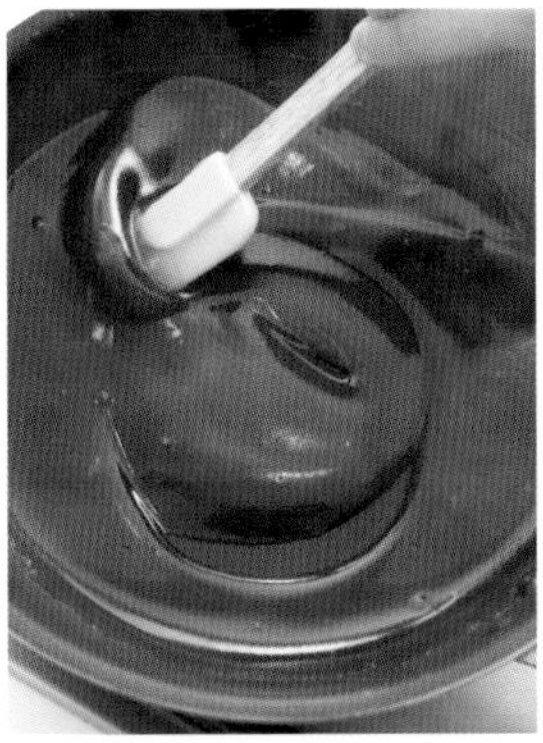

3 あんをからめる

フライパンにBを入れ、耐熱のヘラで混ぜながら中火にかけ、とろみをつける。

＊耐熱ボウルにすべて入れ、ラップなしで電子レンジで３分加熱してもいい

火を止めて肉団子を加え、全体にからめる。器に盛り、万能ねぎをのせる。

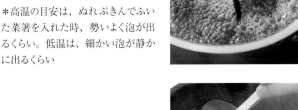

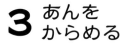

がっつり肉団子

たっぷりにんにく入りに、チーズ焼き。
食べごたえ十分のひと皿ばかりです。

1. ガーリック

肉団子

にんにくは、たねと素揚げの両方で使います。たねの中にはたっぷりのみじん切りを混ぜ、肉団子そのものに風味をとじ込めて。丸ごとのにんにくを一緒に揚げれば、香りも移って、ほくほくを味わえるという楽しみも！

●材料（4人分／16個）

豚ひき肉…400g
にんにく（薄皮をむく）…4かけ
A｜にんにく（みじん切り）…2かけ
　｜酒…大さじ2
　｜しょうゆ…小さじ2
　｜塩…小さじ½
　｜こしょう…少々
卵…1個
片栗粉…大さじ2
ごま油…大さじ½
揚げ油…適量

① ボウルにひき肉を入れ、Aを順に加えて手で練り混ぜる。溶いた卵（2～3回に分けて）、片栗粉、ごま油の順に加えて練り混ぜ、16等分して丸める。

② 高温（180℃）の揚げ油に入れ、表面がカリッとしたら低温（160℃）にし、にんにくを加えて5分揚げる。器ににんにくとともに盛り、一緒に食べる。

肉団子の表面がカリッとしたら低温（160℃）に下げ、にんにくを加えて一緒に揚げる。これで、にんにくの香りが十分にきいた団子に。

2. チーズ焼き

玉ねぎとハーブをアクセントに加え、
チーズをかけてこんがり焼けば、
香ばしく、リッチな洋風の一品に。
チーズは2種類を合わせて使うと、
コクと風味がアップして、よりおいしい。

肉団子

●材料（4人分／16個）

豚ひき肉 … 400g

A | 玉ねぎ（みじん切り）… ¼個
酒 … 大さじ2
しょうゆ、オレガノ（ドライ）＊
… 各小さじ1
塩 … 小さじ¼
こしょう … 少々

卵 … 1個

片栗粉 … 大さじ2

ごま油 … 大さじ½

B | ピザ用チーズ … 大さじ4
粉チーズ … 大さじ1

揚げ油 … 適量

＊p103参照

① ボウルにひき肉を入れ、
Aを順に加えて手で練り混ぜる。
溶いた卵（2～3回に分けて）、
片栗粉、ごま油の順に加えて
練り混ぜ、16等分して丸める。

② 高温（180℃）の揚げ油に入れ、
表面がカリッとしたら
低温（160℃）にし、5分揚げる。

③ 耐熱皿に❷を並べてBをかけ、
温めたオーブントースターで
チーズがこんがりするまで7～8分焼く。
＊または、250℃に温めたオーブンで10分焼く

つまみ肉団子

高菜や香味野菜をどっさり加えて。
お酒も白いごはんもすすみます。

1. 高菜と白ごま入り

肉団子

高菜のうまみと塩け、白ごまの香ばしさが、
ジュワッと口いっぱいに広がります。
高菜は、塩けが強ければ水洗いして塩抜きを。
ただ、抜きすぎるとうまみもなくなるので、注意して。

●材料（4人分／16個）

豚ひき肉 … 300g

A
- しょうが（すりおろす）… 1かけ
- 高菜漬け（塩けが強ければさっと洗い、みじん切り）… ½カップ（100g）
- 酒 … 大さじ2
- しょうゆ … 小さじ1
- こしょう … 少々

卵 … 1個
片栗粉 … 大さじ2
白いりごま … 大さじ1
ごま油 … 大さじ½
揚げ油 … 適量

① ボウルにひき肉を入れ、Aを順に加えて手で練り混ぜる。溶いた卵（2～3回に分けて）、片栗粉、いりごま、ごま油の順に加えて練り混ぜ、16等分して丸める。

② 高温（180℃）の揚げ油に入れ、表面がカリッとしたら低温（160℃）にし、3～4分揚げる。

2. 油淋鶏《ユーリンチー》風香味だれかけ

肉団子

長ねぎ、にんにく、しょうががたっぷり入った、
ごま油が香る甘酸っぱいたれが最高！
ベーシックな肉団子にジャッとかけるだけで、
ごはんがぐんとすすむおかずになります。

●材料（4人分／12個）

豚ひき肉 … 300g
A | しょうが（すりおろす） … 1かけ
　| 酒 … 大さじ2
　| しょうゆ … 小さじ½
　| 塩、こしょう … 各少々
卵 … 1個
片栗粉 … 大さじ2
ごま油 … 大さじ½
B | 長ねぎ（みじん切り） … 5cm
　| にんにく、しょうが（みじん切り） … 各1かけ
　| 酢、しょうゆ … 各大さじ1½
　| 砂糖、ごま油 … 各小さじ1
揚げ油 … 適量

① ボウルにひき肉を入れ、Aを順に加えて手で練り混ぜる。溶いた卵（2～3回に分けて）、片栗粉、ごま油の順に加えて練り混ぜ、12等分して丸める。

② 高温（180℃）の揚げ油に入れ、表面がカリッとしたら低温（160℃）にし、4分揚げる。器に盛り、混ぜたBをかける。

藤井 恵 (ふじい めぐみ)

1966年、神奈川県生まれ。管理栄養士。女子栄養大学卒業後、料理番組、フードコーディネーターのアシスタントなどを経て、料理研究家に。著書に『からだ整えおにぎりとみそ汁』『もっとからだ整えおにぎりとみそ汁』『「からだ温め」万能だれで免疫力アップごはん』『50歳からのからだ整え2品献立』『和えサラダ』『世界一美味しい！やせつまみの本』『家庭料理のきほん200』『のっけ弁100』(すべて小社刊)など多数。

Instagram:@fujii_megumi_1966

うちで作るから最高においしい！
から揚げ つくね ギョウザ 春巻きの本

著　者／藤井 恵
編集人／足立昭子
発行人／殿塚郁夫
発行所／株式会社主婦と生活社
〒104-8357　東京都中央区京橋3-5-7
☎03-3563-5321（編集部）
☎03-3563-5121（販売部）
☎03-3563-5125（生産部）
https://www.shufu.co.jp
ryourinohon@mb.shufu.co.jp
印刷所／TOPPANクロレ株式会社
製本所／共同製本株式会社
ISBN978-4-391-16263-9

アートディレクション・デザイン／小林沙織
撮影／木村 拓(東京料理写真)
スタイリング／大畑純子

取材／千羽ひとみ、中山み登り
校閲／滄流社
編集／足立昭子

※本書は、別冊すてきな奥さん『から揚げ、つくね、そぼろの本』『ギョウザ、春巻き、肉団子の本』を再編集・書籍化したものです。内容は同じですので、ご注意ください。